― 읽다 보면 문해력이 저절로 ―

그래서 이런 말이 생겼대요

우리말

우리누리 글 | 송진욱 그림

길벗스쿨

들어가며

학교 선생님들이 시험 답안지를 채점하면서 꼭 하는 말이 있어요. 바로 "요즘 초등학생들은 문제의 의미를 이해하지 못하는 듯해요."라는 말이지요. 혹시 시험 문제의 의미를 몰라 문제를 풀지 못한 적이 있나요? 만약 그런 경험이 한 번이라도 있다면 하루빨리 문해력을 길러야 해요. 어떤 문제든 말의 뜻을 정확하게 이해해야 풀 수 있으니까요.

그렇다면 문해력을 기르기 위한 가장 좋은 방법은 무엇일까요? 무엇보다 우리가 흔히 쓰는 우리말의 뜻을 정확히 알고 사용하는 게 중요합니다. 그런데 말의 뜻을 정확하게 이해하고 머릿속에 넣는 것을 어려워하는 어린이들이 의외로 많습니다. 특히 영상 콘텐츠에 익숙해진 어린이들은 긴 문장과 맞닥뜨릴 때 당황하곤 하지요.

『그래서 이런 말이 생겼대요』에서는 초등 국어 교과서와 일상생활에서 자주 쓰는 우리말의 사용법을 재미있는 만화와 유래를 곁들여 소개합니다.

예를 들어 "시치미를 떼다."라는 말은 들어 봤지요? 여기서 '시치미'의 유래는 무엇일까요? 시치미는 '매의 꼬리나 다리에 다는 이름표'라는 뜻이었지만 지금은 '알고도 모르는 체하는 태도'를 가리키는 말이 되었어요. 말의 의미가 왜 이렇게 확 바뀌었는지는 이 책을 읽어 보면 쉽게 알 수 있지요. 더불어 단어의 정확한 뜻까지 머리에 쏙쏙 들어올 거예요. 또한 우리말의 유래를 알면 우리나라의 역사와 문화를 배우는 데도 큰 도움이 된답니다.

산이와 솔이가 등장하는 네 칸 만화에서는 실제 우리 생활에서 우리말이 어떻게 쓰이는지 보여 줍니다. 그리고 만화 하단에는 그 말의 정확한 뜻과 문장 예시를 따로 정리해 놓았어요. 재미있는 만화만 읽어도 우리말의 쓰임새를 정확히 이해할 수 있지요.

이 책을 읽은 어린이들이 우리말과 관련된 지식을 쌓고 초등 국어 공부에도 자신감이 생긴다면 더 바랄 게 없겠어요.
자, 그럼 흥미로운 우리말의 유래를 알아볼까요?

-우리누리

차례

들어가며 2

역사와 문화가 담긴 우리말

시치미 주인을 밝히기 위해 매의 꽁지에 달아 놓던 이름표 10

트집 물건에 생긴 작은 틈 12

단골 굿할 때마다 자주 부르는 무당 14

딴지 택견 기술인 '딴죽걸기'에서 생겨난 말 16

먹통 목수가 줄을 칠 때 쓰는, 까만 먹물이 들어 있는 그릇 18

실랑이 조선 선비들의 짓궂은 장난에서 나온 말 20

떼돈 배를 몰던 뱃사공인 '떼꾼'이 버는 돈 22

동냥 스님이 가지고 다니던 방울 '동령'에서 생겨난 말 24

땡전 조선 시대에 흥선 대원군이 만든 '당백전' 26

굴레 소의 머리와 목에 얽어맨 줄 28

아양 조선 시대에 여자들이 머리에 쓰던 방한용 쓰개 30

푸념 무당이 망자 대신 억울함을 늘어놓는 말 32

헹가래 사람의 몸을 던져 올렸다 받았다 하는 일 34

꼽사리 남이 노는 판에 거저 끼어드는 일 36

한글 으뜸이 되는 큰 글, 오직 하나뿐인 큰 글 38

꼬드기다 연이 높이 올라가게 연줄을 조종하다 40

부질없다 '불질'을 제대로 하지 않은 쇠붙이 42

바람맞다 본래는 '중풍'이라는 병에 걸렸다는 뜻 44

맞장구치다 두 사람이 마주 서서 장구를 치다 46
을씨년스럽다 을사년처럼 분위기나 날씨 따위가 몹시 스산하다 48
바가지 긁다 전염병 귀신을 쫓던 풍습에서 나온 말 50
학을 떼다 '학질'이라는 병을 고치다 52
어처구니없다 궁궐 처마 위를 장식하는 작은 조각상 '어처구니' 54

사람이나 성격과 관련 있는 우리말

동네북 누구나 만만하게 칠 수 있는 북 58
구두쇠 낡은 구두 굽에 쇠를 박아 신을 정도로 인색한 사람 60
돌팔이 떠돌아다니며 점을 치는 무당 '돌바리' 62
샌님 세상 물정을 잘 모르는 어리숙한 선비 64
깍쟁이 얼굴에 죄명을 새긴 조선 시대 죄인 '깍정이' 66
망나니 조선 시대에 죄인의 목을 베던 사람 68
철부지 '철'을 몰라 농사를 망치는 사람 70
늦깎이 늦은 나이에 머리를 깎고 승려가 된 사람 72
고명딸 음식의 고명처럼 돋보이고 귀한 딸 74
꼭두각시 광대가 조종하는 대로 움직이는 인형 76
어중이떠중이 어느 쪽에도 속하지 않아 애매한 사람 '어중이' 78
어린이 어린아이를 존중하자는 취지에서 생긴 말 80
설레발 많은 다리를 부산스럽게 움직이는 벌레 '설레발이' 82
까불다 키를 위아래로 흔들어 곡식의 티나 검불을 날려 버리다 84

넉살 좋다 부끄러움 없이 비위 좋게 구는 태도 86
건방지다 제구실을 못 하는 '건방죽'에서 유래한 말 88
오지랖이 넓다 '오지랖'은 겉옷의 앞자락이라는 뜻 90
가탈스럽다 '말의 빠른 걸음'을 뜻하는 몽골어 '가탈' 92
칠칠맞다 일솜씨가 반듯하고 야무지다 94
매몰차다 하늘을 나는 '매'가 꿩을 몰아서 차다 96

3장
음식이나 자연과 관련 있는 우리말

부대찌개 미군 부대에서 남은 소시지와 햄으로 끓인 찌개 100
설렁탕 선농단에서 나누어 먹은 소고깃국 '선농탕' 102
숙주나물 변절한 신숙주처럼 쉽게 변하는 나물 104
비지땀 비지를 만들 때 나오는 콩 물처럼 흐르는 땀 106
골탕 '곯다'와 발음이 비슷해서 뜻이 변한 말 108
말짱 도루묵 맛이 없으니 도로 묵이라 불러라! 110
방아깨비 방아를 찧는 것처럼 위아래로 움직이는 곤충 112
뚱딴지 본래는 '돼지감자'의 또 다른 이름 114
꼬투리 콩이나 팥 같은 식물의 씨를 싸고 있는 껍질 116
감쪽같다 감나무를 접붙이기 한 티가 전혀 나지 않다 118
진이 빠지다 나무의 '진'이 빠지면 시들시들해진다 120
미역국 먹다 시험에서 떨어지거나 직위에서 떨려 나다 122

4장
알고 쓰면 더 재미있는 우리말

부랴부랴 '불이야, 불이야'에서 나온 말 126
개발새발 개의 발과 새의 발로 쓴 글씨 128
주먹구구 '주먹'으로 하는 '구굿셈'처럼 대충 하는 계산 130
하룻강아지 태어난 지 '하루'가 아니라 '한 살' 132
도떼기시장 온갖 물건을 사고파는, 질서가 없고 시끌벅적한 시장 134
알나리깔나리 아이들이 남을 놀릴 때 하는 말 136
너스레 그릇 아가리나 구덩이 위에 얼기설기 걸쳐 놓는 나뭇가지 138
보람 본래 뜻은 다른 것과 구분하기 위한 '표시' 140
바늘방석 바늘에 찔린 것처럼 앉아 있기에 불편한 자리 142
북새통 금가루를 골라내기 위해 요란스럽게 흔들던 '복사통' 144
막장 탄광 갱도의 가장 막다른 곳 146
칠색 팔색 어떤 일을 몹시 싫어하여 붉으락푸르락한 얼굴 148
북돋우다 식물이 잘 자랄 수 있게 '북'을 돋우다 150
들통나다 들통 속을 다 퍼내고 밑바닥이 드러나다 152
뜬금없다 시세에 따라 달라지는 값 '뜬금' 154
팽개치다 새를 쫓을 때 쓰던 '팡개'에서 나온 말 156
아니꼽다 하는 말이나 행동이 눈에 거슬리다 158
쌍심지를 켜다 두 눈에 불이 붙은 것처럼 몹시 화가 나다 160
난다 긴다 본래는 윷놀이를 잘한다는 뜻 162
바가지 쓰다 도박에서 손해를 봤을 때 쓰던 말 164

찾아보기 166

일러두기

- 말의 뜻은 국립국어원 『표준국어대사전』을 주로 참고해 풀이했어요.
- 하나의 말에도 여러 가지 뜻이 있어요. 이 책에서는 대표적으로 쓰이는 뜻을 주로 적어 놓았어요.
- 말의 유래는 오래전부터 전해 내려오는 이야기이기 때문에 자료마다 전해지는 내용이 조금씩 다르거나 학자마다 주장하는 내용이 다르기도 해요. 더 궁금한 내용은 맨 마지막 페이지의 참고 문헌과 참고 자료를 살펴보거나 직접 조사해 보세요.

1장
역사와 문화가 담긴 우리말

시치미

주인을 밝히기 위해 매의 꽁지에 달아 놓던 이름표

시치미
- 뜻: 알고도 모르는 체하는 태도. 또는 자기가 하고도 하지 않은 척하는 태도.
- 예문: 친구는 방귀를 뀌고 천연덕스럽게 시치미를 뗐다.
- 비슷한 속담: 닭 잡아먹고 오리발 내민다

고려 시대에는 어린 매를 길들여 꿩이나 토끼를 잡는 매사냥이 인기를 끌었어요. 매사냥을 하는 사냥꾼이 많아지다 보니 매를 도둑맞는 일도 잦았지요. 그러자 매의 주인들은 도둑질을 막기 위해 매의 꽁지에 이름표를 달았어요. 이 이름표를 '시치미'라고 불렀지요. 즉 시치미가 달려 있는 매는 주인이 있는 매였어요.

하루는 최 서방이 매사냥을 나갔다가 그만 매를 잃어버렸어요. 최 서방은 잃어버린 매를 찾아다닌 끝에 김 첨지네 집으로 갔어요.

"내가 기르는 매가 이 집으로 들어왔다고 들었소."

"그게 무슨 소리요?"

"그러지 말고 얼른 돌려주시오."

보통 이런 일이 생기면 시치미를 보고 주인에게 돌려주곤 했어요. 그러나 욕심 많은 김 첨지는 매의 꽁지에 달려 있던 시치미를 뚝 떼어 버린 뒤, 자기 매라고 박박 우겼답니다.

"이건 내가 기르는 매요. 보시오. 시치미도 없는데 이 매가 당신 매라는 증거가 있소?"

이처럼 시치미를 떼면 누구 매인지 알 수가 없었어요. 그래서 시치미에는 '알고도 모르는 척하는 태도, 또는 자기가 하고도 하지 않은 척하는 태도'라는 새로운 뜻이 생겼답니다. 흔히 '시치미를 떼다'라고 표현하지요.

트집
물건에 생긴 작은 틈

트집
- 뜻) 공연히 작은 흠을 들추어내 불평하거나 말썽을 부리는 것.
- 예문) 그 친구는 말끝마다 트집을 잡는다.

조선 시대 선비들은 갓을 무척 아꼈어요. 이제 막 벼슬길에 오른 관리들은 더 특별히 갓에 신경을 썼지요.

홍문관 교리인 최부는 출근하려고 옷을 단정히 차려입었어요. 그리고 마지막으로 갓을 쓰고 문 밖으로 나섰지요. 그때 부인이 쫓아 나오며 말했어요.

"아니, 갓에 트집이 생겼네요. 입궐하시기 전에 수선하는 게 좋겠어요."

갓은 재질이 약해서 툭하면 틈새가 벌어졌는데, 이렇게 물건에 생긴 작은 틈을 '트집'이라고 해요.

최부는 갓을 고쳐 주는 수선공을 찾아가 갓을 맡겼어요.

"갓에 생긴 트집을 잘 붙여 주시오."

수선공은 갓을 살펴보고 혀를 끌끌 차며 말했어요.

"나리, 여기 갓의 챙 부분에 트집이 많이 생겼습니다. 이런 트집은 인두질을 해서 고쳐야 하는데, 그러면 수선비가 좀 듭니다요."

이처럼 갓 수선공들은 갓을 고치면서 괜히 트집을 많이 잡아 수선비를 비싸게 받곤 했어요. 이에 선비들은 불만을 터뜨렸고, 그러면서 '트집'이라는 말에 부정적인 의미가 담겼다고 해요. '조그만 흠을 일부러 들춰내어 불평함'이라는 뜻이 생겨난 거지요. 흔히 '트집 잡다'로 많이 쓴답니다.

단골
굿할 때마다 자주 부르는 무당

단골
- 뜻) 정해 놓고 자주 가는 장소나 거래하는 손님.
- 예문) 장사가 잘되려면 단골을 많이 확보해야 한다.

비슷한 말: 단골집
- 뜻) 늘 정하여 놓고 거래하는 곳.
- 예문) 여기는 내가 학생 때부터 다니던 단골집이야.

예분이가 한 달이 넘도록 병이 낫지 않자 엄마는 걱정이 이만저만이 아니었어요.

"예분 엄마, 예분이가 병이 단단히 났다면서?"

"말도 마. 용하다는 의원은 다 찾아가 봤는데도 차도가 없으니 이를 어쩌면 좋아."

한숨을 푹 내쉬는 예분이 엄마에게 원석이 엄마가 말했어요.

"그러지 말고 단골을 불러 보면 어때?"

"그럴까? 그럼 정말로 우리 예분이 병이 나을까?"

"혹시 모르잖아. 아랫마을 동선이도 병에 걸려서 한참을 앓다가 단골을 불러 굿을 했더니 씻은 듯이 나았대."

여기서 '단골'은 '무당'을 말해요. 옛날에는 가족 중 누가 병이 나거나 집안에 좋지 않은 일이 생기면 무당을 불러다 굿을 하는 경우가 많았어요. 이럴 때 늘 정해 놓고 불러오는 무당을 '단골' 또는 '당골'이라고 했어요.

그러다 세월이 흐르면서 자주 가는 가게나 자주 오는 손님을 통틀어 단골이라고 부르게 됐어요. '정해 놓고 찾는 곳', '자주 찾아오는 사람'이라는 뜻이 된 거죠. 이처럼 우리가 흔히 쓰는 단골 가게, 단골 손님의 '단골'은 놀랍게도 무속 신앙에서 나온 말이랍니다.

딴지

택견 기술인 '딴죽걸기'에서 생겨난 말

딴지
- 뜻) 일이 순순히 진행되지 못하게 훼방을 놓는 것.
- 예문) 왜 자꾸 나한테 딴지를 걸어?

비슷한 관용어: 어깃장을 놓다
- 뜻) 반항하는 말이나 행동을 하다.
- 예문) 나이를 많이 먹으면 어깃장을 놓는 사람이 많다.

조선 초기에는 해마다 의흥부에서 수도 한양을 지키는 군대인 방패군을 뽑았어요.

'방패군은 택견으로 뽑는다. 택견을 겨루어 세 명 이상 이기는 자를 방패군으로 뽑겠다.'

이 소식을 듣고 칠복이가 방패군에 지원했어요. 칠복이는 택견이라면 자신이 있었거든요.

드디어 결전의 날. 칠복이는 놀라운 실력을 뽐내며 순식간에 두 명을 물리쳤어요. 그런데 세 번째 상대가 여간내기가 아니었어요.

'침착하자. 상대가 공격할 때 빈틈을 노리는 거야.'

상대가 발차기 공격을 하자, 함께 지원한 동식이가 큰 소리로 외쳤어요.

"칠복아, 지금이야! 딴죽걸기를 해!"

'딴죽걸기'란 택견에서 발로 상대편의 다리를 걸어 당기는 기술을 가리켜요. 그런데 왜 '딴죽'이 남의 일을 방해한다는 뜻으로 쓰이게 됐을까요? 남의 다리를 걸어 넘어뜨리는 동작과 남의 일을 방해하는 행동이 비슷하기 때문이에요.

요즘에는 '딴죽'이라는 말보다 '딴지'라는 말을 더 많이 써요. 딴지는 본래 표준어가 아니었지만, 많은 사람이 사용하는 바람에 새롭게 표준어로 지정됐어요. 그래서 '딴지를 걸다', '딴죽을 걸다' 모두 바른 표현이랍니다.

먹통

목수가 줄을 칠 때 쓰는, 까만 먹물이 들어 있는 그릇

먹통

뜻① 자기 생각만 고집스럽게 주장하는 답답한 사람을 놀리는 투로 이르는 말.
예문 그 친구가 워낙 먹통이라 무슨 말을 해도 안 통할 거야.
뜻② 물건이나 서비스 따위가 제대로 작동하지 않음.
예문 컴퓨터가 갑자기 먹통이 되었다.

어느 날, 한 사내가 한양에서 가장 유명한 목수를 찾아갔어요.

"목수 어르신, 저를 조수로 받아 주십시오."

"목수 일이 보기보다 많이 힘드네. 조수 노릇도 아무나 하는 게 아닐세."

"그래도 저는 꼭 어르신 같은 목수가 되고 싶습니다."

목수는 하는 수 없이 그 사내를 조수로 받아들였어요.

목수는 사내에게 먹통을 주며 말했어요.

"우선 이 먹통으로 널빤지에 줄을 똑바로 그어 보게나."

사내는 목수가 건네준 먹통을 찬찬히 살펴봤어요. 그런데 먹통 안은 온통 새까매서 뭐가 뭔지 잘 보이지 않았어요. 우물쭈물하던 사내는 그만 먹통을 바닥에 떨어뜨리고 말았어요. 그 바람에 사방으로 먹이 튀었지요.

"자네 뭐 하는 건가? 이 먹통 같으니라고!"

목수는 가슴을 치며 답답해했답니다.

'먹통'은 목공이 목재에 줄을 그을 때 쓰는 도구예요. 전체적으로 거무스름하고 그 안에 까만 먹물이 들어 있지요. 그렇다 보니 먹통에 먹물이 들어 있는지 안 들어 있는지 제대로 보이지 않을 때가 많았어요. 그래서 아무리 얘기해도 깜깜하게 알아듣지 못하는 사람을 두고 '먹통'이라고 비유해 부르게 되었답니다. 지금은 기계 따위가 고장 나거나 작동하지 않을 때에도 많이 쓰는 말이에요.

실랑이

조선 선비들의 짓궂은 장난에서 나온 말

실랑이
- 뜻① 이러니저러니, 옳으니 그르니 하며 남을 못살게 굴거나 괴롭히는 일.
  - (예문) 빚쟁이들한테 실랑이를 받는 아버지가 불쌍했다.
- 뜻② 서로 자기주장을 고집하며 옥신각신하는 일.
  - (예문) 접촉 사고로 운전자들 사이에 실랑이가 벌어졌다.

'신래'가 된 김 선비는 교지를 받기 위해 기다리고 있었어요. 신래는 과거에 급제한 사람을 가리키는 말이에요.

얼마나 기다렸을까요. 관리 한 명이 합격 증서인 교지를 나눠 주려고 단상에 오르는 모습이 보였어요. 이윽고 관리가 교지를 손에 들고 외쳤지요.

"신래위!"

신래위의 '위'는 신분을 뜻해요.

김 선비는 옷매무새를 단정히 하고 자리에서 일어나 단상으로 걸어 나가려고 했어요. 바로 그때, 작년에 과거에 급제한 선배들이 김 선비의 옷을 잡아당기며 못살게 굴었어요.

"하하하하, 못 가시네!"

"이러지 마십시오!"

합격을 축하하는 의미에서 짓궂은 장난을 치는 것이었죠. 김 선비는 길을 막고 선 선배들을 헤치고 앞으로 나아가기 위해 옥신각신 다투었어요.

언제부터인지는 알 수 없지만, 조선 시대에는 이처럼 교지를 받으러 나가지 못하게 붙잡아 두고 놀리는 전통이 있었어요. 그리고 '신래위'는 발음 변화를 거쳐 '실랑이'로 바뀌었고, 뜻도 바뀌었어요.

이제 실랑이는 '서로 자기주장을 고집하며 옥신각신하는 일'이나 '옳으니 그르니 하며 남을 못살게 굴거나 괴롭히는 일'이라는 뜻으로 쓰이고 있어요.

떼돈

배를 몰던 뱃사공인 '떼꾼'이 버는 돈

떼돈
- 뜻 어마어마하게 많은 돈.
- 예문 그는 주식으로 한순간에 떼돈을 벌었다.

비슷한 관용어: 돈벼락 맞다
- 뜻 갑자기 한꺼번에 생긴 많은 돈이나 재물을 비유적으로 이르는 말.

떼돈의 유래를 알려면 먼저 '떼꾼'을 알아야 합니다. '떼꾼'은 조선 시대에 '떼'를 몰던 뱃사공을 가리키는 말인데, '떼'는 나무나 대나무로 만든 뗏목을 뜻해요.

떼꾼은 주로 남한강 물길을 따라 목재나 물자를 한양으로 운반했어요. 그런데 남한강에는 급물살과 소용돌이 구간이 많아 몹시 위험했어요. 그래서 위험 수당이 붙어 떼꾼들은 운송료를 꽤 두둑이 받곤 했답니다.

조선 말기, 흥선 대원군은 임진왜란 때 불타 버린 경복궁을 다시 짓기로 했어요.

"땅에 떨어진 왕실의 권위를 높여야 한다. 경복궁을 다시 지어라!"

명령이 떨어지자 관리들은 분주히 움직였어요. 궁을 고쳐 지으려면 우선 많은 양의 나무가 필요했지요. 그런데 한양으로 나무를 실어 와야 할 떼꾼들의 반응은 시큰둥했어요.

"강원도의 나무를 물길을 따라 한양으로 운반하려면 적어도 7일에서 15일이 걸립니다. 게다가 요즘은 물살이 너무 세서 목숨을 걸고 떼를 몰아야 해요. 그러니 운행비를 더 쳐주셔야 합니다."

그러자 나라에서는 값을 아주 후하게 쳐주었다고 해요. 당시 떼꾼들은 나무를 한 번 운반하면 쌀 25말을 받았어요. 이는 웬만한 지방 관리의 월급보다 훨씬 더 많은 액수였지요.

요즘 흔히 쓰는 말인 '떼돈'은 이처럼 '떼'를 몰고 다니는 떼꾼에서 유래한 말이에요. 떼꾼들이 버는 것처럼 많은 돈을 '떼돈'이라고 부르게 된 거죠. 또한 여기에서 '떼부자'라는 말도 생겨났어요.

동냥

스님이 가지고 다니던 방울 '동령'에서 생겨난 말

동냥
(뜻) 거지가 돌아다니며 돈이나 물건 따위를 거저 달라고 비는 일.
(예문) 동냥하는 사람이라고 함부로 무시하면 안 된다.

비슷한 한자어: 구걸(求乞)
(뜻) 돈이나 곡식, 물건 따위를 거저 달라고 빎.

고려는 불교를 중시한 나라였어요. 그래서 백성들도 승려를 아주 정중히 대했지요. 승려들은 수행을 중요하게 여겼기 때문에 밥을 직접 해 먹지 않고 탁발을 했어요. 탁발은 '승려가 경문을 외면서 집집마다 다니며 음식을 얻어먹는 것'을 가리키는 말로, 수행하는 방법 중 하나예요.

탁발 스님이 마을을 돌아다니며 동령을 흔들면, 사람들은 곡식을 가지고 나와 시주를 했어요.

"스님, 성불하십시오."

"나무관세음보살."

'동령'은 불교 의식에서 쓰는 방울인데, 탁발을 나선 스님들은 항상 이 동령을 갖고 다녔다고 해요. 그러면서 동령은 '승려가 방울을 흔들며 탁발하는 행위나 그렇게 얻은 곡식'이라는 뜻을 얻었지요.

그런데 '동령'이 왜 구걸한다는 뜻으로 변했을까요? 그 이유는 조선 시대에 들어 유교를 중시하고 불교를 배척했기 때문이에요.

"흥! 거지가 구걸하는 것과 뭐가 달라?"

조선 시대 사람들은 승려들이 '동령'을 흔들며 시주 받는 일을 비천하게 여겼어요.

시간이 흘러 사람들은 거지가 구걸하는 행위도 '동령'이라고 하기 시작했어요. 그 뒤로 '동령'이 발음 변화를 거치면서 '동냥'이라는 말이 생겨난 거예요.

땡전

조선 시대에 흥선 대원군이 만든 '당백전'

땡전
- 뜻 아주 적은 돈을 이르는 말.
- 예문 영화를 보러 가고 싶어도 땡전 한 푼 없어서 갈 수가 없다.

1866년, 흥선 대원군은 새로운 화폐인 '당백전'을 찍어 냈어요. 당백전은 조선 시대의 주요 화폐였던 상평통보보다 무려 100배나 큰 가치를 지닌 고액 화폐였어요. 그러나 백성들은 당백전을 잘 쓰지도 않았고, 바꾸려고도 하지 않았답니다.

"자, 여기 당백전이오. 상평통보 100개나 다름없으니 물건값은 치르고도 남지."

"이봐요, 누굴 호구로 아시오? 당백전이 금으로 만든 돈도 아닌데 누가 그렇게 가치를 높게 쳐주겠소? 상평통보로 값을 치르지 않으면 물건을 안 팔겠소."

그때는 화폐 금액이 재료의 가치에 따라 정해졌어요. 금으로 만든 금화나 은으로 만든 은화는 가치가 높았어요. 그러나 당백전은 재료의 가치에 견주어 금액이 지나치게 높게 정해져 있었지요.

결국 얼마 지나지 않아 당백전은 상평통보 5~6개 정도의 가치로 거래되었어요. 그러자 나라에서는 당백전을 더는 만들지 않았고, 그와 동시에 당백전은 가장 가치 없는 돈으로 취급되었어요.

"에잇! 나라에서는 당백전을 쓰라고 난리인데 실제로는 그 값을 쳐주질 않으니. 골치가 아프군."

그 뒤로 가치가 아주 낮아진 당백전을 백성들이 '당전'-'땅전'-'땡전'으로 부르게 되면서, 땡전은 '아주 적은 돈'을 이르는 말이 됐어요. 흔히 "땡전 한 푼 없다."라는 식으로 쓰이지요.

굴레

소의 머리와 목에 얽어맨 줄

굴레

뜻① 말이나 소 따위를 부리기 위해 얽어매는 줄.
뜻② 부자연스럽게 얽매이는 일을 비유적으로 이르는 말.
예문 사회가 발전하려면 관습의 굴레에서 벗어나야 한다.

관련 관용어: 굴레를 쓰다
뜻 일이나 구속에 얽매여 벗어나지 못하게 되다.

조선 시대는 철저한 신분제 사회였어요. 양반의 자식으로 태어나면 양반이 되고, 천민의 자식으로 태어나면 평생 천민으로 살아야 했지요. 그런데 큰 죄를 짓거나 역적으로 몰리면 양반 신분을 빼앗기고 한순간에 천민으로 굴러떨어지기도 했어요.

김 판서도 그런 경우였어요. 대대로 큰 벼슬을 지낸 양반가의 자손이었지만 누명을 쓰고 역적으로 몰렸지요. 결국 김 판서는 처형당하고, 그의 아내와 아들은 천민 신분이 되었어요.

아들은 하루아침에 허름한 집으로 쫓겨나 끼니 걱정을 해야 하는 자신의 처지가 비참했어요.

"어머니, 이제 우리 가족은 어찌 되는 것입니까?"

"역적의 가족이라는 굴레가 씌워졌으니 목숨을 부지한 것만도 다행으로 여기거라."

갑자기 천민이라는 신분의 굴레에 갇힌 아들은 꺼이꺼이 목 놓아 울었어요.

'굴레'는 본래 말이나 소의 머리와 목에 얽어맨 줄을 가리키는 말이에요. 옛날에는 사람들이 이 굴레에 고삐를 연결해서 소나 말을 마음대로 부릴 수 있었어요. 하지만 말이나 소의 처지에서 보면 굴레는 자신들을 꼼짝 못 하게 만드는 끔찍한 도구예요. 이것에 빗대어, 어떤 일에 부자연스럽게 얽매이는 것을 '굴레'라고 표현하게 되었답니다. 흔히 '굴레를 쓰다'라고 말하지요. 반대말은 '굴레를 벗다'예요.

아양
조선 시대에 여자들이 머리에 쓰던 방한용 쓰개

아양
- 뜻) 귀염을 받으려고 알랑대는 말이나 행동.
- 예문) 아빠에게 아양을 부리며 조른 끝에 용돈을 받았다.

비슷한 한자어: 애교(愛嬌)
- 뜻) 남에게 귀엽게 보이는 태도.
- 예문) 자전거가 갖고 싶어서 엄마에게 애교를 부렸다.

"아기씨, 날이 몹시 춥습니다! 아얌을 쓰셔야지요."

향단이의 말에 권 대감댁 외동딸은 손뼉을 짝 치며 호들갑을 떨었어요.

"아차, 그렇지! 이 추운 날에 아얌도 안 쓰고 나갈 뻔했네. 잠시만 기다리거라. 내 얼른 들어가서 쓰고 오마."

아얌은 조선 시대에 부녀자가 겨울에 나들이할 때 춥지 않게 머리에 쓰던 쓰개예요. 아얌 앞부분에는 앙증맞은 수술 장식이, 뒷부분에는 넓고 긴 드림이 늘어져 있는 게 특징이지요.

권 대감댁 외동딸은 아얌을 머리에 쓰고 종종걸음으로 나들이를 나섰어요. 아얌의 붉은색 수술 장식과 드림이 발걸음에 맞춰 달랑달랑 흔들리니 자연스레 주변 사람들의 시선이 쏠렸어요.

"하하하, 뉘 집 딸인지 아주 귀엽네!"

"그러게, 나도 모르게 아얌 떠는 걸 보게 되네그려."

아얌은 방한용이라고는 하지만 장신구에 가까웠어요. 즉 멋을 부리는 용도였기 때문에 귀엽고 사랑스러운 디자인이 많았지요. 여기에서 '아양'이라는 말이 생겨났답니다.

남의 시선을 끌거나 돋보이려고 하는 말 또는 행동을 '아얌'이라고 부르게 되었는데 시간이 지나면서 '아양'으로 변한 것이죠. 흔히 남에게 특별히 잘 보이려고 애교를 부리며 알랑댈 때 "아양을 떤다.", "아양을 부린다."라고 해요.

푸념

무당이 망자 대신 억울함을 늘어놓는 말

푸념

- 뜻① 마음속에 품은 불만을 길게 늘어놓는 말.
- 예문 그는 시간이 너무 늦어 차가 끊기겠다고 푸념하였다.
- 뜻② 굿을 할 때, 무당이 신의 뜻을 받아 옮기어 정성 들이는 사람에게 꾸지람을 늘어놓음. 또는 그런 말.
- 예문 무당의 푸념이 시작되자 구경꾼들은 귀를 쫑긋 세웠다.

'챙챙챙챙챙, 챙챙챙챙챙!'

굿이 시작되자 무당이 부채를 들고 마당을 이리저리 뛰어다녔어요. 그러다 하늘을 향해 두 팔을 벌리고 기도를 올렸지요.

"자, 혼령이시여! 이리 오시오! 무엇이 그리 원통하십니까?"

무당은 갑자기 몸을 부르르 떨더니, 젊은 여자 목소리로 흐느끼며 말했어요.

"흑흑, 어머니……. 제가 살아 있을 때 저한테 왜 그러셨어요? 죽고 나서 이렇게 굿을 해 주면 뭐 해요?"

무당 옆에 있던 어머니는 소스라치게 놀랐어요.

"네가 정말로 내 딸이냐? 아이고, 이 어미가 잘못했다!"

어머니는 눈물을 흘리며 무당의 손을 움켜잡았어요. 그러자 죽은 여자의 혼은 무당의 입을 통해 자신의 억울함을 호소했어요.

이처럼 굿을 할 때 무당이 죽은 자를 대신해 망자의 억울함이나 맺힌 한을 늘어놓는 것을 '푸념'이라고 해요. 이때 푸념의 주된 내용은 자신은 억울하고 분하니, 한을 풀어 달라는 것이었어요.

세월이 흐르면서 푸념은 일상어로 쓰이게 됐어요. '마음속에 품은 불만을 길게 말하는 것'을 푸념이라고 하지요. 비슷한 말로 '넋두리'가 있어요.

헹가래

사람의 몸을 던져 올렸다 받았다 하는 일

헹가래

뜻 좋은 일이 있는 사람을 축하하거나 잘못이 있는 사람을 벌줄 때, 몸을 던져 올렸다 받았다 하는 일.

예문 ① 우승한 팀 선수들이 감독을 헹가래 쳤다.
② 졸업식 날 학생들이 선생님에게 헹가래를 올렸다.

옛날에는 마을 사람들이 서로 힘을 모아 농사를 지었어요. 농사를 혼자 지으면 몹시 고되지만, 여러 사람이 힘을 모으면 덜 고생스럽고 효율적으로 농사를 지을 수 있었지요.

농기구 중에는 몇 명이 힘을 합쳐야 사용할 수 있는 것도 있었어요. 흙을 파헤치거나 떠서 던지는 '가래'도 바로 그런 기구였지요.

오늘은 김 씨가 마을 사람들과 함께 밭을 갈기로 한 날이에요. 김 씨가 가래 자루를 잡고 말했어요.

"자, 내가 가래로 흙을 뜨면, 두 사람은 가랫날의 두 귀에 달린 줄을 힘껏 잡아당겨 주게."

이렇게 하면 흙을 쉽게 떠서 멀리 던질 수 있었어요.

가래질을 할 때는 사람들끼리 호흡을 맞추는 게 중요했어요. 그래서 농부들은 가래질을 본격적으로 하기 전에 미리 연습을 하곤 했는데, 이것을 '헛가래 친다'라고 했어요. 흙을 떠서 앞으로 던지고 다시 흙을 떠서 앞으로 던지는 행위를 반복하는 일이죠.

그런데 헛가래질은 여러 사람이 한 사람을 눕혀 놓고 동시에 들었다 놨다 하거나, 던졌다 받았다 하는 동작과 비슷했어요. 이것을 '헛가래'라고 했는데, 이 말이 발음 변화를 거쳐 '헹가래'가 됐답니다.

한편 헹가래의 유래를 다르게 보는 의견도 있어요. 헹가래가 '헤염가래'에서 왔다는 거예요. '헤염'은 '헤엄'과 같은 말이고, '가래'는 가래질의 '가래'를 뜻해요. 쉽게 말해 헹가래가 '헤엄치는 듯이 하는 가래질'이라는 거죠.

어느 쪽이든 헹가래가 순수 우리말이라는 것은 분명해 보입니다.

끔사리
남이 노는 판에 거저 끼어드는 일

끔사리
뜻 남이 하는 일에 끼어드는 행동. 또는 남이 노는 판에 거저 끼어드는 일.
예문 여기서 끔사리 끼지 말고 다른 데 가서 놀아라.

"자, 오늘도 한번 가 볼까?"

"또 노름판에 가시오? 내가 정말 못살아!"

주 서방은 부인의 잔소리를 들은 체 만 체하고 오늘도 노름판으로 향했어요.

주서방은 노름을 무척이나 좋아했어요. 하지만 실력이 모자라고 형편도 좋지 않아서 노름판에는 잘 끼지 못했죠. 그저 노름꾼들 사이에 끼어 구경만 하는 때가 많았어요.

여느 때처럼 주 서방은 노름판을 구경하고 있었는데, 바로 앞에 앉은 김 서방의 패가 아주 좋아 보이지 뭐예요.

"저도 끼어도 될까요?"

"곱살이 끼겠다고? 뭐…… 좋네. 같이 하세."

오늘 주 서방은 김 서방 덕에 제법 많은 돈을 벌 수 있었답니다.

노름판에서 걸어 놓은 판돈을 '살'이라고 했어요. 노름꾼들은 돈이 부족하거나 패가 좋지 않으면 눈치를 보면서 판에 끼지 않다가 자기가 원하는 좋은 패가 다른 사람한테 나오면 그 사람의 살에 자기 살을 얹어서 댔는데, 이것을 '곱살'이라고 했어요. 곱살은 처음부터 같이 시작한 게 아니라 다른 사람들이 놀던 판에 끼어드는 것이었기 때문에 보통 '곱살이 끼다'라고 했지요.

'곱살이'는 시간이 흐르면서 '꼽사리'가 되었고, 의미가 점점 바뀌어 '남이 하는 데 끼어서 어떤 일을 쉽게 하려는 행동'을 가리키는 말이 되었답니다. 얼핏 비속어처럼 보이지만 엄연히 사전에 올라 있는 표준어예요.

한글

으뜸이 되는 큰 글, 오직 하나뿐인 큰 글

한글
- 뜻 우리나라 고유의 글자.
- 예문 한국어는 배우기 어렵지만 한글은 금방 익힐 수 있다.

1907년, 고종 황제는 '국문 연구소'라는 기관을 만들고 국어학자 주시경 등을 위원으로 임명했어요.

"선생은 나라의 기둥인 말과 글을 제대로 지키지 않고 가꾸지 못하면 우리 민족이 망하게 된다고 하셨다지요?"

"그렇습니다, 폐하! 저는 우리 말과 글이 우리나라를 지켜 주리라고 굳게 믿습니다."

"음, 그럼 어떻게 해야 우리말을 발전시킬 수 있겠습니까?"

고종이 묻자 주시경은 이렇게 대답했어요.

"무엇보다 '국문'을 대체할 수 있는 새로운 이름이 필요합니다!"

세종 대왕이 처음 우리 글자를 만들었을 때는 '훈민정음'이라고 했어요. '백성을 가르치는 올바른 소리'라는 뜻이지요. 그런데 양반들은 '천한 글'이라는 뜻으로 '언문'이라고 부르며 한글을 업신여겼어요. 그래서 우리 글자는 오랫동안 '언문'으로 불렸어요.

1900년대에는 우리 글자를 '나라의 글'이라는 뜻으로 '국문(國文)'이라고 했어요. 그러나 우리나라가 일본의 식민지가 되면서 국문이라는 말을 쓸 수 없게 되자, 우리 글자를 부를 새로운 말이 필요했던 거예요.

"으뜸이 되는 큰 글, 오직 하나뿐인 큰 글이라는 뜻에서 '한글'이라고 하면 좋겠어!"

1913년에 주시경은 '한글'이라는 말을 새롭게 만들었어요. 그리고 현대 한글 체계를 정립하고 보급하는 데에도 앞장섰지요.

꼬드기다
연이 높이 올라가게 연줄을 조종하다

꼬드기다
- (뜻) 어떤 일을 하도록 남의 마음을 꾀어 부추기다.
- (예문) 친구를 꼬드겨 군것질을 했다.

비슷한 말: 꾀다 / 꼬시다
- (뜻) 그럴듯한 말이나 행동으로 남을 부추겨서 자기 생각대로 끌다.

"동이야, 우리 연싸움하자!"

"싫어! 언제나 석이 네가 이기잖아."

연싸움하자는 석이의 말에 동이는 입을 삐죽였어요. 그러자 석이는 동이를 살살 꼬드겼어요.

"내가 연 꼬드기는 기술 가르쳐 줄게, 응? 그러니까 같이 연날리기하자."

석이의 말에 동이는 귀가 솔깃했어요. 석이는 동네에서 연날리기를 제일 잘하거든요. 동이는 아끼는 연을 들고 석이와 함께 언덕 위로 올라갔어요.

"동이야, 연줄을 그렇게 무작정 세게 잡아당기면 안 돼."

"그럼 어떻게 해?"

"연이 바람을 타는 것에 맞춰서 줄을 적절하게 잡아챘다 놓았다 해야지. 자, 다시 해 봐."

동이는 연을 다시 하늘로 날린 뒤, 연과 바람의 흐름을 유심히 살폈어요. 드디어 연이 바람을 타자 동이는 줄을 확 잡아챘다가 쭉 놓았어요. 그랬더니 연이 아주 높이 올라갔답니다.

연을 날릴 때 연줄을 잡아 젖혀 연이 높이 날게 하는 것을 '꼬드기다'라고 해요. 그런데 연을 꼬드겨 높이 날게 조종하는 것과 남의 마음을 조종해 움직이게 하는 것이 비슷하기 때문에 이 경우에도 '꼬드기다'라는 말을 쓰게 되었어요. 꼬드기다는 '꾀다', '꼬시다'와 같은 뜻으로 쓰여요.

부질없다

'불질'을 제대로 하지 않은 쇠붙이

부질없다
- 뜻) 대수롭지 않거나 쓸모가 없다.
- 예문) 아무리 후회해 봐야 부질없는 노릇이다.

옛날에는 마을마다 대장간이 있었어요. 대장간은 쇠를 달구어 온갖 연장을 만드는 곳이에요. 농사철이 되면 농부들은 대장간을 찾곤 했어요.

"겨우내 언 땅을 파려면 단단한 곡괭이가 필요하네. 특별히 신경 써서 만들어 주게."

"걱정 붙들어 매시오. 내가 잘 만들어 주겠소."

며칠 뒤, 농부는 다시 대장간에 가서 주문해 둔 곡괭이를 건네받았어요. 농부는 곡괭이를 받자마자 들고 가서 밭을 팠어요.

그런데 얼마 쓰지도 않은 곡괭이가 휘어 버렸지 뭐예요. 농부는 한숨을 내쉬며 말했어요.

"아이고, 이런! 이 곡괭이가 정말 불질 없군."

이때 농부가 '불질 없다'라고 한 말은 무슨 뜻일까요?

대장간에서 쇠붙이를 만들 때는 쇠가 단단해지게끔 쇠를 불에 달구었다 물에 담갔다를 반복해요. 이때 쇠를 불에 달구는 것을 '불질'이라고 해요. 그런데 이 불질이 충분하지 않으면 쇠가 쉽게 휘어 버리지요. 그래서 농부가 휘어진 곡괭이를 보고 '불질 없다'라고 한 거랍니다.

이처럼 불질을 제대로 하지 않은 쇠는 쓸모가 없어졌는데, 여기에서 '부질없다'라는 말이 생겨났어요. 대수롭지 않거나 쓸모없다는 뜻이지요.

바람맞다

본래는 '중풍'이라는 병에 걸렸다는 뜻

바람맞다

뜻 상대가 만나기로 한 약속을 지키지 않아 헛걸음하다.
예문 오랜만에 꼭 만나자고 했던 친구에게 바람맞았다.

옛날 어느 한의원에 거동이 몹시 불편해 보이는 환자가 찾아왔어요.

"어디가 아파서 오셨습니까?"

"갑자기 다리가 마비되어 움직일 수가 없습니다."

의원은 환자를 진찰한 뒤 한참 동안 말을 잇지 못했어요.

"아니, 왜 그러시나요? 혹시 제가 큰 병에 걸렸습니까?"

"아무래도 풍(風)에 맞은 거 같습니다."

"아이고, 풍이라고요? 제가 바람을 맞았다는 말씀인가요? 제가 먹여 살려야 하는 식구가 열 명이나 되는데, 이걸 어쩌나요!"

환자는 너무 속이 상해 꺼이꺼이 울었습니다.

이처럼 '바람맞다'라는 말은 본래 중풍(中風)이라는 병에 걸렸다는 뜻이었어요. 중풍은 뇌에 혈액이 제대로 흐르지 않아 얼굴 근육이 마비되거나 거동이 불편해지는 병이에요.

그런데 중풍에 걸렸다는 것을 뜻하는 말이 왜 '약속에 나갔다가 허탕 치다'라는 의미로 쓰이게 됐을까요?

약속 장소에 나갔는데 만나기로 한 사람이 오지 않으면 기분이 어떨까요? 무척 허탈하고 버림받은 듯한 기분이 들 거예요. 이때 느끼는 기분이 중풍에 걸렸을 때의 갑작스럽고 비참한 기분과 비슷하다고 해서, 만나기로 한 상대가 나오지 않았을 때 '바람맞다'라고 표현하게 되었답니다.

맞장구치다

두 사람이 마주 서서 장구를 치다

맞장구치다
- 뜻) 남의 말에 호응하거나 동의하다.
- 예문) 친구 말에 고개를 끄덕이며 맞장구쳤다.

비슷한 한자어: 호응(呼應)
- 뜻) 부름이나 호소 따위에 대답하거나 응하다.
- 예문) 그 영화는 관객들에게 큰 호응을 얻었다.

오늘은 마을 잔칫날이에요. 이런 잔칫날 흥을 더하는 데는 풍물놀이가 최고이지요.

"자, 오늘은 즐거운 날이니 풍물놀이를 즐겨 보세!"

"그러세나."

풍물놀이가 시작되자 사람들은 북, 장구, 꽹과리 등을 치면서 함께 어우러졌어요. 그런데 풍물놀이의 백미라 할 수 있는 '맞장구'를 누가 칠지 아직 정해지지 않았어요. 장구를 잡은 두 사람이 마주 서서 주거니 받거니 하며 장구 치는 것을 맞장구라고 해요.

"맞장구를 잘 치려면 서로 호흡이 잘 맞아야 하는 법일세. 그래야 장단을 맞추지. 그런 면에서 맞장구는 최 씨와 장 씨가 최고야."

"맞아! 자네들이 맞장구를 쳐 주게."

동네 사람들의 지지 속에 최 씨와 장 씨는 서로 마주 서서 주거니 받거니 신나게 맞장구를 쳤어요. 구경하는 사람들은 고개를 끄덕이며 장단을 맞추면서 즐거워했어요.

"와, 잘한다!"

"두 사람은 진짜 호흡이 척척 맞는구먼!"

이렇듯 맞장구를 치려면 서로 호흡이 잘 맞아야 해요. 그래서 남의 말에 호응하거나 동의할 때 '맞장구치다'라고 쓰게 되었답니다.

을씨년스럽다

을사년처럼 분위기나 날씨 따위가 몹시 스산하다

```
을씨년스럽다
뜻  날씨나 분위기가 몹시 쓸쓸하고 스산하다.
예문 ① 찬 바람이 부니까 왠지 을씨년스럽네.
     ② 날씨가 을씨년스러운 게 당장이라도 눈이 쏟아질 듯하다.
```

1905년, 을사년에 일본은 대한 제국을 침략하려고 온갖 수를 부렸어요. 대한 제국은 고종 34년에 새로 정한 우리나라 국호예요.

"이보게, 그 소식 들었는가?"

"무슨 소식?"

"글쎄, 우리나라 외교권을 일본에 넘기는 조약을 맺었다더군. 외교권을 빼앗겼으니 이제 나라를 빼앗기는 건 시간문제일세."

　1905년에 일본과 맺은 이 조약이 바로 '을사조약'이에요. 을사년에 맺었다고 해서 을사조약이라고 했는데, 대한 제국은 일본의 힘에 짓눌려 억지로 서명할 수밖에 없었지요.

　을사조약으로 대한 제국은 많은 권리를 일본에 빼앗겼어요. 일본은 정치와 군사에 참견하면서 대한 제국을 식민지로 만들었지요.

　일본의 지배를 받게 된 우리나라 사람들은 하늘이 무너지는 듯한 심정이었어요. 온 나라가 장례식장 같은 분위기에 휩싸였지요.

　이 무렵에 생겨난 말이 바로 '을씨년스럽다'예요. 당시 사람들은 분위기가 왠지 음산하고 스산해지면 '을사년스럽다'라고 표현했어요. 여기서 '을사년'은 을사조약을 맺은 그해를 가리켜요. 그러다 '을사년'이 '을씨년'으로 바뀌어 '을씨년스럽다'라는 말이 생겨난 거랍니다. 흔히 날씨나 분위기가 쓸쓸하고 스산할 때 '을씨년스럽다'라고 표현하는데, 이 말에는 우리 민족의 아픈 역사가 담겨 있습니다.

바가지 긁다
전염병 귀신을 쫓던 풍습에서 나온 말

바가지 긁다
- (뜻) 불평과 잔소리를 심하게 하다.
- (예문) 그 사람의 아내는 날마다 바가지를 긁었다.

관련 우리말: 잔소리
- (뜻) 필요 이상으로 듣기 싫게 꾸짖거나 참견하는 말.
- (예문) 엄마는 책상 정리를 매일 하라고 잔소리를 하신다.

옛날 어느 마을에 콜레라가 돌았어요. 콜레라는 전염병이기 때문에 환자가 순식간에 늘었어요. 그러자 마을 이장과 원로들이 모여 회의를 했어요.

"이 일을 어쩌면 좋겠습니까?"

"무당을 불러 전염병 귀신을 쫓아야 하지 않을까요?"

그리하여 서낭나무 아래에서 굿판이 벌어졌어요.

그런데 굿하는 무당의 행동이 좀 특이했어요. 상 위에 바가지를 올려놓고 숟가락으로 바가지를 긁어 대지 뭐예요. 그러자 득득거리는 시끄러운 소리가 났어요.

"아니, 무당이 왜 저렇게 바가지를 긁죠?"

"이 사람 그것도 모르나? 전염병 귀신이 저 시끄러운 소리를 듣고 달아나라고 그러는 거야."

이처럼 옛사람들은 바가지 긁는 소리에 질려 전염병 귀신이 달아나면 병이 낫는다고 믿었어요.

이런 풍습에서 '바가지 긁다'라는 말이 생겨났다고 해요. 바가지를 긁으면 아주 짜증 나고 듣기 싫은 소리가 나요. 그런데 '듣기 싫은 소리' 가운데 가장 대표적인 게 뭘까요? 바로 잔소리지요. 그래서 흔히 아내가 남편에게 잔소리하는 것을 '바가지 긁다'라고 표현하게 됐답니다.

학을 떼다

'학질'이라는 병을 고치다

학을 떼다
- (뜻) 괴롭거나 어려운 상황에서 벗어나느라고 진땀을 빼다. 또는 그것에 질려 버리다.
- (예문) 나는 수학이라면 거의 학을 뗐다.

관련 관용어: 넌더리가 나다
- (뜻) 지긋지긋하게 몹시 싫다.
- (예문) 휴일도 없이 일하던 그 직장을 생각하면 넌더리가 난다.

최 진사는 애지중지하는 아들이 병에 걸려 드러눕자 서둘러 의원을 불렀어요.

"이보게, 우리 집 장손이 이렇게 몸져누워 있네. 어서 진찰 좀 해 보게나."

의원이 아들의 안색을 이리저리 살피고 진맥을 한 뒤 물었어요.

"나리, 아드님의 증상이 어떠합니까?"

"열이 많이 나고 밤새 식은땀을 흘렸소."

"혹시 어젯밤에 구토나 설사를 하지 않았나요?"

"그렇소. 어젯밤에 구토를 심하게 했다오."

"제가 볼 때 이 병은 학, 그러니까 학질입니다."

"학질이라고? 아이고……. 이보게, 우리 아들 좀 제발 살려 주게나. 뒤늦게 얻은 귀하디귀한 아들일세."

학질은 학이라고도 하며, 요즘에는 보통 '말라리아'라고 해요. 이 병은 모기를 통해 감염되는데, 옛날에는 치료약이 없어서 학질에 걸리면 목숨을 잃는 경우가 많았지요.

'학을 떼다'는 '학질을 떼다', 즉 '학질을 고치다'라는 뜻이에요. 그런데 의학이 발달하지 않은 옛날에는 학질을 이겨 내기가 여간 힘든 일이 아니었어요. 그래서 괴롭거나 힘든 일에서 벗어나느라 진땀을 뺄 때, 어떤 일에 심하게 질려 버렸을 때 '학을 떼다'라는 말을 쓰게 되었답니다.

어처구니없다
궁궐 처마 위를 장식하는 작은 조각상 '어처구니'

어처구니없다
- 뜻) 일이 너무 뜻밖이어서 기가 막히는 듯하다.
- 예문) ①이번 사고는 운전자의 어처구니없는 실수 때문에 일어났다고 합니다.
   ②이 물건은 어처구니없이 비싸다.

비슷한 말: 기가 차다
- 뜻) 어떤 일이 놀랍거나 언짢아서 어이없다.
- 예문) 성적표를 받아 보고 너무 기가 차서 아무 말도 못 했다.

조선 시대의 궁궐인 경복궁에 가면 처마 위에 동물처럼 생긴 작은 조각상이 죽 늘어선 모습을 볼 수 있어요. 이 작은 조각상들을 가리켜 '어처구니'라고 해요. 어처구니는 나쁜 기운을 막고, 악귀나 요괴가 궁궐에 접근하지 못하게 막아 준다고 해요.

물론 어처구니에 진짜로 어떤 특별한 기능이 있는 건 아니고, 일종의 주술적인 장식이었어요. 그러다 보니 실수로 어처구니를 올리지 않는 경우가 종종 있었지요.

그래서일까요? 어쩌다 궁궐에 불이 나거나 하면 사람들은 처마를 올려다보며 이렇게 말했어요.

"쯧쯧, 궁을 지켜 주는 어처구니가 없어서 불이 난 거야."

여기에서 '어처구니없다'라는 말이 생겨났다고 해요.

한편 어처구니가 맷돌 손잡이를 일컫는다는 설도 있어요. 무거운 맷돌을 돌리려고 하는데 어처구니라 불리는 손잡이가 없다면 몹시 당황스럽겠죠? 바로 여기에서 '어처구니없다'라는 말이 생겨났다는 거예요.

사전을 찾아보면 '어처구니'의 뜻이 '엄청나게 큰 사람이나 사물'이라고 나와 있어요. 그렇지만 이 뜻으로 따로 쓰는 경우는 거의 없답니다. 주로 '어처구니없다'로 쓰는데, 난감한 상황이나 닥친 일이 너무 뜻밖이어서 기가 막힐 때 쓰는 표현이에요. '어처구니없다'와 비슷한 말로는 '어이없다'가 있어요.

사람이나 성격과 관련 있는 우리말

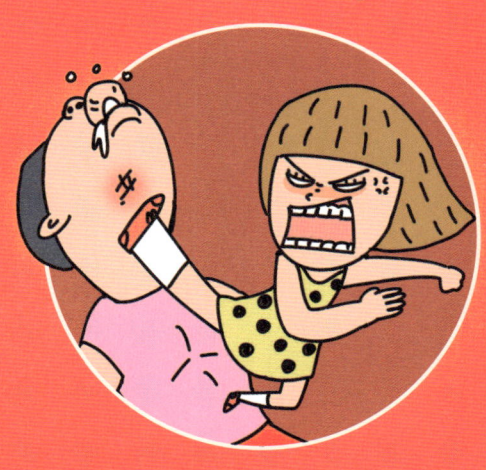

동네북
누구나 만만하게 칠 수 있는 북

동네북
- 겉뜻 동네 사람들이 공동으로 쓰는 북.
- 속뜻 여러 사람이 두루 건드리거나 만만하게 보는 사람을 비유적으로 이르는 말.
- 예문 서영이는 요즘 완전히 동네북 신세가 됐어.

어느 마을에서 잔치를 열기로 했어요. 사람들이 삼삼오오 모여 잔치 계획을 짰지요.

"마을 잔치에는 풍악이 가장 중요하니까 꽹과리, 장구, 징, 북은 꼭 준비해야 합니다."

이장의 말이 끝나자 마을 청년 회장이 물었어요.

"이장님, 그 네 가지 악기는 제가 준비해 놓을 텐데 연주는 누가 하죠?"

"당연히 청년들이 연주해야지."

"악기를 연주할 수 있는 청년은 세 명밖에 없습니다."

"며칠 전에 이사 온 이 씨도 있잖아?"

"이 씨는 악기를 잘 다루지 못한답니다."

"그래? 그럼 그 친구한테는 북을 맡기면 되겠네. 북이야 아무나 칠 수 있잖아."

꽹과리와 장구, 징은 장단을 정확히 맞춰야 해서 다루기가 어렵지만 북은 비교적 쉽게 다룰 수 있어요. 적당히 쳐도 다른 악기와 조화를 이루지요.

'동네북'은 동네 사람들이 공동으로 치는 북이에요. 누구나 쉽게 잡고 칠 수 있기 때문에 만만하다는 인상을 주지요. 이런 이유에서 이 사람 저 사람에게 구박을 받거나 분풀이의 대상이 되는 사람을 가리켜 '동네북'이라고 일컫게 되었답니다.

구두쇠

낡은 구두 굽에 쇠를 박아 신을 정도로 인색한 사람

> 아빠, 옷에 구멍이 났어요.

> 아빠가 예쁘게 꿰매 줄게.

> 네?

> 아빠, 차비 좀 주세요.

> 운동할 겸 걸어가.

> 아빠! 왜 갑자기 구두쇠가 됐어요?

> 프라모델을 너무 많이 사서 카드값이 빵꾸 났어.

구두쇠
- **뜻** 돈이나 재물 따위를 쓰는 데에 몹시 인색한 사람.
- **예문** 그는 돈만 아는 구두쇠였다.

비슷한 말: 자린고비
- **뜻** 다라울 정도로 인색한 사람을 낮잡아 이르는 말.
- **예문** 그는 돈을 지독히도 안 써서 자린고비로 소문이 났다.

조선 땅에 살던 어느 부유한 서양인이 낡은 구두를 보며 혼잣말을 했어요.

"막상 버리려니 너무 아깝네. 좀 더 오래 신을 방법이 없을까?"

그 모습을 보고 그 집에서 일하던 하인이 말했어요.

"나리, 대장간에 가 보면 어떨까요? 말발굽에 쇠를 박는 것처럼 구두 굽에 쇠를 박을 수도 있을 테니까요."

"그거참 좋은 생각이군!"

부자 서양인은 정말로 구두 굽에 쇠를 박아서 신고 다녔어요. 그런데 그가 걸을 때마다 어찌나 소리가 요란하게 나는지, 지나가는 사람들이 모두 쳐다봤지요.

"저기 구두쇠 양반 지나간다."

"돈을 그렇게 아낀다지? 구두 굽에 쇠까지 박고 말이야, 허허."

사람들은 그 서양인을 '구두쇠'라고 부르게 되었답니다.

이 이야기는 제법 그럴듯하지만, 구두쇠라는 말의 진짜 유래가 아닐 가능성이 크다고 해요.

구두쇠의 유래를 이렇게 보는 의견도 있어요. 구두쇠에서 '구두'는 단단하다는 뜻인 '굳다'에서 온 말이고 '쇠'는 '돌쇠', '먹쇠' 할 때처럼 사람을 뜻하는 말이라는 거예요. 따라서 구두쇠는 '굳은 사람', 즉 돈이나 재물에 대해 굳은 마음으로 인색한 사람이라는 뜻이 되지요.

돌팔이
떠돌아다니며 점을 치는 무당 '돌바리'

돌팔이

(뜻) 제대로 된 자격이나 실력이 없이 전문적인 일을 하는 사람을 속되게 이르는 말.
(예문) ① 돌팔이한테 속았구먼. 이따위 약을 도대체 얼마 주고 산 거야?
② 저 사람 하는 말이 꼭 돌팔이 같지 않니?

옛날에는 여기저기 떠돌아다니며 점을 쳐 주는 무당이 있었어요. 이런 무당을 '돌바리'라고 했어요.

어느 날, 한 돌바리가 시골 마을에 들러 점을 봐 주고 있었어요. 돌바리는 점을 보러 온 사람을 보자마자 이렇게 말했지요.

"쯧쯧, 너 배가 자주 아프지?"

"아이고, 그걸 어떻게 아셨습니까? 어떻게 해야 이 병을 고칠 수 있을까요?"

"일단 굿을 하고, 그다음에 이 약초를 한번 먹어 봐."

돌바리는 방방곡곡 돌아다니다가 몸이 아픈 사람들과 자주 마주쳤어요. 그래서 눈치껏 처방을 내릴 줄 알았어요. 그렇지만 돌바리는 의사도 아닌데, 매번 적절한 처방을 내릴 순 없었겠지요? 그래서 돌바리가 아픈 사람을 잘못 치료하는 일이 종종 있었어요.

"그 돌바리가 시키는 대로 했다가 병이 더 심해졌어!"

이런 까닭에 사람들은 이리저리 돌아다니며 서투른 지식이나 기술을 파는 사람을 가리켜 '돌바리'라고 부르기 시작했어요. 그러다 시간이 흐르면서 돌바리를 '돌팔이'로 부르게 됐지요. 요즘은 제대로 된 실력 없이 전문가인 척하는 사람을 '돌팔이'라고 해요.

다른 한편 이리저리 돌아다니며 어설픈 기술을 파는 사람이라는 뜻에서 '돌다'와 '팔다'가 결합하여 생긴 말이라고도 해요. 또한 '돌다'와 무당들이 섬기는 바리데기 공주를 가리키는 '바리'가 합쳐져 만들어졌다는 설도 있어요.

샌님

세상 물정을 잘 모르는 어리숙한 선비

> 옆 반이랑 축구 시합해야 하는데 한 명이 모자라.

> 일단 아무나 데리고 가자.

> 너 우리랑 축구 할래?

> 나?

> 근데 너, 축구는 할 줄 아냐?

> 응! 나 축구 좋아해!

> 헉! 샌님인 줄 알았더니…. 몸은 헐크네.

샌님

- '생원님'의 준말.
- 속뜻 얌전하고 꽉 막힌 사람을 놀리는 투로 이르는 말.
- 예문 저 사람은 평소에는 **샌님**처럼 조용한데 화가 나면 엄청 무섭다.

옛날 남산골에 이 선비라는 사람이 살았어요. 이 선비는 얼마 전 소과라고 불리는 과거 시험에 합격했어요. 그러자 남산골 사람들은 이 선비를 '이 생원'이라고 불렀어요.

'생원'은 소과에 합격한 사람을 일컫는 말이에요. 그리고 생원을 높여 부르는 말이 생원님인데, 생원님을 줄인 말이 바로 '샌님'이에요.

"샌님, 축하드립니다."

"고맙소이다. 허허허."

그러나 소과에 합격했다고 곧장 벼슬길에 오르는 건 아니었어요. 조선 시대에는 대과까지 합격해야 벼슬을 얻을 수 있었거든요.

이 생원은 대과에 합격하기 위해 다시 공부에 몰두했어요. 하루 종일 책과 씨름하며 살았기 때문에 성품이 조용하고 점잖았어요. 반면에 세상 물정은 전혀 몰랐지요.

"저기 남산골에 사는 샌님이 지나가는구먼."

"십 년 넘도록 낙방만 하다가 이번에 합격했다더군. 그런데 공부만 해서 그런지 세상 물정에는 어둡대."

남산골 이 생원뿐만 아니라, 선비들 중에는 공부만 하느라 세상이 돌아가는 형편을 모르는 사람이 많았어요. 그래서 너무 얌전하거나 세상 물정을 잘 모르는 어리숙한 사람을 가리켜 '샌님'이라고 표현하게 된 거예요.

샌님이라는 말에는 융통성이 없고 꽉 막힌 사람이라는 뜻도 담겨 있어요.

깍쟁이
얼굴에 죄명을 새긴 조선 시대 죄인 '깍정이'

깍쟁이
- 뜻) 인색하고 얄미운 행동을 일삼는 사람.
- 예문) 깍쟁이 같은 사람하고는 함께 일할 수 없다.
- 비슷한 말: 얌체
- 뜻) 자기 이익만 챙기고 부끄러움을 모르는 사람.
- 예문) 새치기를 하다니 정말 얌체네.

조선을 세운 태조 이성계는 도읍을 한양으로 정했어요. 그리고 나라의 기틀을 세우기 위해 차근차근 계획을 진행시켰지요.

그런데 한 가지 고민거리가 생겼어요.

"전하, 한양에는 고려 시대부터 숨어 살던 범죄자가 많이 있습니다. 이들을 어떻게 해야 할까요?"

이성계는 한참 고민한 끝에 이렇게 말했어요.

"죄가 가벼운 자들은 얼굴에 먹으로 죄명을 새긴 뒤에 석방하도록 하라."

그 뒤로 한양 사람들은 얼굴에 죄명이 쓰인 흉터가 있는 사람들을 '깍정이'라고 불렀어요. 깍정이들은 몸은 자유로웠지만 얼굴에 새겨진 흉터 때문에 일반 백성들과 어울리지 못하고 청계천에 모여 구걸을 하며 살아갔지요. 그런데 일부 깍정이들은 구걸만 하지 않고, 다른 사람 장례에 찾아가 악귀를 내쫓는 행위를 한 다음 상주를 위협해서 돈을 뜯어내곤 했답니다.

"깍정이 놈들, 하는 짓을 보면 날강도가 따로 없다니까!"

깍정이들의 불량한 행동이 눈에 거슬렸는지, 나중에는 '이기적이고 남을 배려하지 않는 사람'을 깍정이라고 부르게 되었어요.

세월이 흐르면서 깍정이들은 모두 역사 속으로 사라졌지만, 깍정이라는 말은 '깍쟁이'로 변해 여전히 쓰이고 있지요.

망나니
조선 시대에 죄인의 목을 베던 사람

망나니
- 뜻) 말과 행동이 몹시 막된 사람을 비난조로 이르는 말.
- 예문) 그는 우리 동네에서 소문난 망나니였다.

"대감, 며칠 뒤에 사형을 집행해야 하는데 망나니가 없습니다."

"아니, 망나니가 없다니? 그게 무슨 말이냐?"

'망나니'는 조선 시대에 죄인의 목을 베던 사람이에요.

"원래 있던 망나니가 병에 걸려 며칠 전에 죽었습니다요."

"그럼 어서 새 망나니를 뽑아야지!"

관리들은 망나니를 새로 뽑기 위해 죄인들의 사건 일지를 살펴봤어요. 얼마 후, 병사들이 중죄를 저지른 죄인 한 명을 데려오자 관리가 말했어요.

"너는 큰 죄를 저질렀기 때문에 마땅히 사형에 처해야 한다. 그러나 네가 망나니를 해 준다면 목숨은 살려 주겠다."

"네에? 제가 망나니를요?"

사람 목을 베는 일은 아무나 할 수 있는 일이 아니에요. 아무리 큰돈을 준다고 해도 자기가 맡겠다고 나서는 사람이 거의 없었지요. 그래서 망나니는 큰 죄를 지어 사형을 받게 된 죄인 중에서 뽑는 경우가 많았어요. 목숨을 살려 주는 대신에 죄인들의 목을 베는 일을 시킨 거예요.

죄인 중에서 뽑다 보니 망나니는 애초에 성질이 나쁜 사람이 대부분이었어요. 그래서 '망나니'는 점차 말과 행동이 막되고 몹쓸 짓을 일삼는 사람을 일컫는 말이 되었어요.

철부지

'철'을 몰라 농사를 망치는 사람

철부지
뜻① 철없는 어린아이.
예문 장난감을 사 달라고 계속 조르는 내 동생은 철부지였다.
뜻② 철없어 보이는 어리석은 사람.
예문 이 철부지야, 너는 대체 언제 철이 들래?

관련 관용어: 철이 나다, 철이 들다
뜻 사리를 분별할 줄 아는 사람이 되다.

조선 시대에는 사람들이 대부분 농사를 지으며 살았어요. 그래서 계절 변화에 아주 민감했어요. 봄, 여름, 가을, 겨울을 잘 구분해야 농사를 잘 지을 수 있었지요. 철에 맞춰 벼를 심고 가꾸고 거두는 것보다 더 중요한 일은 없었거든요. 여기서 '철'은 계절을 뜻해요.

그런데 가끔 모내기를 제때에 하지 못하고 너무 일찍 하거나 늦게 하는 바람에 농사를 망치는 일이 있었어요. 어쩌다 그렇게 되면 집안 어른들은 노발대발 화를 냈어요.

"철을 아는 것이 가장 중요하다고 몇 번이나 얘기했거늘, 모내기 철을 몰라서 농사를 망쳐! 그러고도 네가 이 집 가장이라고 할 수 있겠느냐?"

"사람이 그럴 수도 있지, 무슨 화를 그렇게 내십니까."

"아이고, 이 철부지 같은 녀석아!"

이처럼 옛날에는 철을 제대로 알아야 진정한 어른으로 대접받았어요. 반대로 철을 모르는 사람은 '철부지'라고 놀림받았답니다.

철부지의 '철'은 계절을 가리키고, '부지'는 알지 못한다는 뜻이에요. 아닐 부(不)에 알 지(知)가 합쳐진 말이지요. 즉 <u>철부지는 본래 '계절의 변화를 알지 못하는 사람'이라는 뜻이었어요. 그러다 시간이 지나면서 '무엇이 옳은지 그른지 판단하지 못하는 어린애 같은 사람'이라는 뜻으로 쓰이게 됐어요.</u>

늦깎이
늦은 나이에 머리를 깎고 승려가 된 사람

늦깎이
- 뜻① 나이가 많이 들어서 승려가 된 사람.
- 뜻② 나이가 많이 들어서 어떤 일을 시작한 사람.
- (예문) 늦깎이로 시작한 배우 생활이었던 만큼 그 길이 쉽지 않았다.
- 늦깎이의 또 다른 의미: 늦게 익은 과일이나 채소도 '늦깎이'라고 한다.

어느 날, 나이가 지긋한 남자가 절을 찾아왔어요. 남자는 얼굴에 주름이 가득하고 백발이 성성했지요. 마침 예불을 마치고 나오던 주지 스님이 그 남자를 보고 물었어요.

"어쩐 일로 오셨습니까?"

"스님, 저는 승려가 되고 싶어 왔습니다."

주지 스님은 한동안 말없이 그 남자를 바라봤어요.

"보아하니 나이가 꽤 지긋하신 듯한데, 괜찮겠습니까? 불자의 길을 걷기가 쉽지 않을 겁니다."

남자는 차분히 대답했습니다.

"비록 지금 출가하면 늦깎이지만 평생을 염원해 온 일입니다. 저는 꼭 부처님을 섬기고 싶습니다."

'늦깎이'는 말 그대로 '늦게 머리를 깎고 스님이 된 사람'이라는 뜻이에요.

이처럼 늦깎이는 늦은 나이에 머리를 깎고 스님이 된 사람을 가리키는 말이었어요. 그러다 차츰 나이가 들어 새로운 일에 도전하거나 새로운 것을 배우기 시작한 사람을 뜻하는 말로 쓰였지요. 늦은 나이에 대학에 입학한 사람이나 회사에 처음 들어간 나이 많은 사람도 '늦깎이'라고 한답니다.

고명딸
음식의 고명처럼 돋보이고 귀한 딸

고명딸
- 뜻 아들 많은 집의 외딸.
- 예문 그 여자는 고명딸이어서 부모님의 사랑을 많이 받고 자랐다.

비슷한 말: 외동딸
- 뜻 '외딸'을 귀엽게 이르는 말로, 하나뿐인 딸이라는 뜻.

환갑 나이에 처음으로 딸, 덕혜 옹주를 얻은 고종은 무척 기뻤어요. 삼칠일(아이가 태어나면 스물하루가 되는 날까지 친척이나 이웃의 출입을 막는 민속 신앙)도 지키지 않고 딸을 직접 보러 갔고, 궁에 사는 친족들을 불러 잔치도 열었지요. 딸이 다섯 살이 되자 궁에 유치원을 만들어 주기까지 했어요. 정말이지 사랑하는 딸을 위해서라면 무엇이든 다 해 주었답니다.

그러나 대신들은 고종의 이런 모습이 탐탁지 않았어요.

"아니, 옹주 한 명을 위해 궁에다 유치원을 만드는 건 너무 지나치지 않습니까?"

"그냥 모른 척 넘어갑시다. 황제의 고명딸이 아닙니까."

'고명'은 음식의 맛과 모양을 더 좋게 하려고 음식 위에 얹거나 뿌리는 것을 이르는 말이에요. 떡국 위에 가지런히 올라간 달걀지단이나 김 가루 같은 것이 고명이지요. 실고추, 파, 다진 고기, 깨소금도 고명으로 쓰여요.

고명딸은 아들이 둘 이상인 집에서 하나뿐인 딸을 일컫는 말이에요. 음식에 올린 고명만큼 돋보이고 귀하다는 뜻에서 생겨났지요.

그런데 요즘에는 고명딸이라는 말이 논란이 되고 있어요. 고명은 음식의 주재료가 아니라 없어도 큰 문제가 없는 부재료에 속해요. 따라서 고명딸이라는 말은 딸이 아들보다 중요하지 않다는 뜻이 되므로, 성차별적인 의미가 담겼다는 지적이에요.

꼭두각시
광대가 조종하는 대로 움직이는 인형

꼭두각시
- (겉뜻) 꼭두각시놀음에 나오는 여러 가지 인형.
- (속뜻) 남이 조종하는 대로 움직이는 사람을 비유적으로 이르는 말.
- (예문) 내가 누구 조종이나 받는 꼭두각시인 줄 아십니까?

비슷한 말: 허수아비
- (뜻) 주관 없이 남이 시키는 대로 행동하는 사람을 비유적으로 이르는 말.

꼭두각시놀음이 열린다는 소식이 퍼지자 동네 아이들이 우르르 장터로 몰려갔어요. 옹기종기 모여 앉아 어서 인형극이 시작되기만을 기다렸지요.

잠시 후, 남사당패의 광대 한 명이 나와 인사했어요.

"오늘도 저희 꼭두각시놀음을 보기 위해 찾아 주신 여러분께 감사 인사를 올립니다. 자, 그럼 바로 시작하겠습니다."

공연이 시작되자 무대 뒤에서 광대들이 인형에 매달아 놓은 줄을 요리조리 움직이며 인형을 조종했어요. 그러자 인형들이 움직이기 시작했지요.

"엄마, 정말 신기해요! 인형들이 진짜 살아 있는 것 같아요!"

"뒤에서 광대들이 조종하는 거란다. 참 신기하지?"

우리나라 민속 인형극 중에 가장 유명한 것은 '박첨지놀음'인데, 이 '박첨지놀음'에 등장하는 여자 인형이 바로 꼭두각시예요. 꼭두각시는 인형을 뜻하는 '꼭두'와 아내를 뜻하는 '각시'가 합쳐진 말이에요. 이 인형이 워낙 유명해서 '박첨지놀음'은 '꼭두각시놀음'으로 더 많이 불릴 정도예요.

당연한 일이지만, 꼭두각시는 인형이기 때문에 혼자 움직일 수 없어요. 사람이 조종하는 대로 움직일 뿐이죠. 그래서 언제부터인지 남이 하라는 대로 움직이는 사람을 '꼭두각시'라고 불렀어요. 요즘도 꼭두각시는 '남의 조종을 받는 사람', '자신의 주관 없이 남이 시키는 대로 하는 사람'이라는 뜻으로 써요.

어중이떠중이

어느 쪽에도 속하지 않아 애매한 사람 '어중이'

어중이떠중이
- (뜻) 여러 방면에서 모여든, 탐탁하지 못한 사람들을 통틀어 낮잡아 이르는 말.
- (예문) 온갖 어중이떠중이가 다 모였구나.

관련 한자어: 오합지졸(烏合之卒)
- (뜻) 까마귀가 모인 것처럼 질서 없이 모인 병졸. 규율이 없고 무질서한 병졸 또는 군중.
- (예문) 오합지졸이라서 통솔하기가 힘들다.

옛날 어느 고을에 호랑이가 나타나 고을 전체가 발칵 뒤집혔어요. 마음이 급해진 수령은 호랑이 사냥을 나서기로 했어요.

"사냥 경험이 있는 사람들을 모두 관아로 불러오너라! 한시가 급하니 한 명이라도 더 데리고 와야 하느니라."

얼마 뒤, 관아에는 사람들 수십 명이 모였어요.

"너희 중에 호랑이를 사냥해 본 사람이 있느냐?"

관아에 모인 사람들은 쭈뼛쭈뼛 눈치를 보다 이렇게 말했어요.

"저는 어릴 때 토끼 사냥을 꽤 여러 번 해 봤습니다."

"저는 꿩 사냥을 몇 번 해 본 경험이 있습지요."

그러자 고을 수령은 한숨을 내쉬며 중얼거렸어요.

"이런, 온통 어중이떠중이밖에 없구나!"

'어중이떠중이'는 여러 방면에서 모여든 탐탁지 못한 사람들을 낮잡아 이르는 말이에요. '중'이라는 말이 두 번이나 나와서 스님과 관련 있어 보이지만 전혀 아니에요.

'어중이'는 어느 쪽에도 속하지 않아 태도가 불분명한 사람을 가리켜요. 한마디로 어중간한 사람이라고 볼 수 있지요. 이런 사람들은 태도가 불분명하고 어중간하다 보니 일을 제대로 하는 경우가 드물었어요. 그래서 '어중이'라는 말에 제대로 할 줄 아는 것이 없어 쓸모가 없는 사람이라는 뜻이 생겨났답니다. '떠중이'는 별다른 뜻이 없고 그냥 운을 맞추기 위해 붙인 말이에요.

어린이

어린아이를 존중하자는 취지에서 생긴 말

어린이
- 뜻 '어린아이'를 대접하거나 격식을 갖추어 이르는 말.
- 예문 어린이는 미래의 희망이다.

어린이를 부르는 다른 말: 아동, 소아, 소인, 아이, 어린애 천도교는 평등을 강조하는 우리나라 민족 종교예요.

"모든 인간은 평등하고 존중받아야 합니다. 그리고 아이는 절대 때리지 말아야 하며 소중히 대해야 합니다."

방정환 선생님은 천도교의 이런 가르침에 깊이 감명받았어요.

'맞아! 아이들은 앞으로 우리나라를 짊어지고 갈 새싹이야. 그러니 아이들을 귀하게 여겨야 해.'

1920년 무렵까지만 해도 우리나라에는 '어린이'라는 단어 자체가 없었어요. 사람들은 아이들을 귀한 존재로 여기지 않았지요. 아이들은 교육을 받기는커녕 집안일이나 농사일을 하며 함부로 다루어지곤 했어요.

방정환 선생님은 '어린이'라는 말을 처음 만들어서 사용했어요. 어린이를 고유의 개성과 인격을 지닌 사람으로 존중하자는 뜻에서 만든 말이었지요.

어린이의 어원은 '어리다'에서 찾을 수 있어요. '어리다'는 본래 '아직 깨우치지 못하다'라는 뜻이었는데, 17세기에 들어 '나이가 적다'라는 뜻으로 바뀌었지요. 방정환 선생님은 이 '어린'이라는 말에다, 대접하여 부르는 말인 '이'를 붙여서 '어린이'라는 낱말을 만들었답니다. 이때가 1920년이었어요.

우리나라에서는 1922년 5월 1일에 처음으로 '어린이날'을 만들었으며, 1945년 해방 이후에 5월 5일을 어린이날로 정했답니다.

설레발

많은 다리를 부산스럽게 움직이는 벌레 '설레발이'

설레발
- **뜻** 몹시 서두르며 부산하게 구는 행동.
- **예문** 이번엔 분명 합격이라며 설레발을 쳤다.

관련 속담: 김칫국부터 마신다
- **뜻** 해 줄 사람은 생각지도 않는데 미리부터 다 된 일로 알고 행동한다는 말.

우리나라 프로 야구 경기에서 실제로 일어났던 일이에요. 어느 팀의 타자 한 명이 투수의 공을 힘껏 받아 쳤어요. 공은 외야 쪽으로 쭉쭉 뻗어 날아갔지요. 관중석에서는 환호성이 터져 나왔어요.

"우아, 홈런이야!"

"와-아-!"

그 선수도 당연히 홈런이라고 생각한 듯 야구 방망이를 힘껏 내던지고 왼팔을 번쩍 들며 관중의 환호에 답했어요.

그런데 그 공을 상대편 수비수가 잡았지 뭐예요? 홈런 세리머니를 하던 선수는 아웃을 당해 얼굴을 붉히며 벤치로 돌아갔어요.

"쯧쯧, 설레발을 치더니……."

몇몇 관중은 그 선수의 모습을 보고 혀를 찼어요.

설레발은 몹시 서두르며 부산하게 구는 행동을 가리켜요. 그런데 재밌게도 설레발은 '설레발이'라는 벌레에서 나온 말이랍니다.

설레발이는 흔히 '돈벌레'라고 불리며 지네처럼 생겼어요. 그런데 설레발이는 30개나 되는 많은 다리를 움직이며 이동하기 때문에 왠지 몹시 부산해 보여요. 그래서 언제부터인지 지나치게 나대고 소란 피우는 행동을 '설레발'이라고 표현했어요. 그리고 앞으로 어떻게 될지 아직 확실하지도 않은 일이 무조건 그렇게 될 듯이 굴 때 "설레발 친다."라고 말해요.

까불다

키를 위아래로 흔들어 곡식의 티나 검불을 날려 버리다

까불다

- 뜻① 가볍고 조심성 없이 함부로 행동하다.
- 예문 다 큰 애가 **까불고** 있다.
- 뜻② 건방지고 주제넘게 굴다.
- 예문 아무것도 모르면서 왜 그렇게 **까부니**?
- 비슷한 말: 나대다
  - 뜻 얌전히 있지 못하고 철없이 촐랑거리다.

옛날에는 수확한 벼를 쌀로 만드는 게 여간 고된 일이 아니었어요. 기계가 도입되기 전까지는 사람이 직접 벼의 껍질을 까야 했거든요. 그래서 벼를 거둬들이는 가을이 되면 아이들도 부모님을 돕느라 바빴어요.

"만덕아, 엄마가 벼를 절구에 넣고 찧어서 껍질을 벗길 테니 너는 키를 좀 까불러라."

'키'는 곡식 속에 섞여 있는 쭉정이나 티끌을 골라내는 도구예요.

"어떻게 하면 되나요?"

"찧은 벼를 키에 올려놓고 탁탁 쳐올렸다 받으면 돼. 그렇게 하면 가벼운 껍질은 바람에 날아가고 쌀만 남을 게다."

만덕이는 키에 벼를 올리고 탁탁 쳐올렸어요. 치면 칠수록 누런 벼 껍질은 점차 사라지고 하얀 알맹이만 남았지요.

이렇게 키를 위아래로 흔들어 곡식의 티나 쭉정이를 날려 버리는 것을 '까부르다' 또는 '까불다'라고 해요. 까불다는 까부르다의 준말이지요.

그런데 왜 '까불다'가 사람의 행동을 뜻하는 말이 됐을까요? 그 이유는 키로 곡식을 까부를 때 위아래로 바쁘게 흔들어 대는 동작 때문이에요. 그 동작이 차분하지 못하고 조심성 없이 구는 사람의 모습과 비슷해서 까불다는 말을 함께 쓰게 되었답니다.

넉살 좋다
부끄러움 없이 비위 좋게 구는 태도

넉살

뜻 부끄러운 기색 없이 비위 좋게 구는 행동이나 성격.
예문 처음 만난 사람에게 친근하게 말을 거는 걸 보니 **넉살**이 좋은 편이구나.

설날이나 단옷날 같은 명절이 되면 우리나라 각지에서는 연날리기 대회를 열어요. 옛날에도 마찬가지였죠.

하루는 연 좀 날린다는 사람들이 모이는 큰 연날리기 대회가 열렸어요. 이때 사람들은 대부분 연살(연에 붙이는 얇은 대나무)이 5개인 연을 가지고 참가했어요. 연살을 5개로 만들어야 연이 튼튼했거든요.

그런데 강화도에서 온 어느 여자가 연살이 4개뿐인 연을 가지고 참가했어요. 사람들은 혀를 끌끌 찼어요.

"쯧쯧. 연살이 4개밖에 없는데 제대로 날기나 할까?"

"그러게. 왜 저런 부실한 연을 들고 나왔을까?"

그런데 이게 웬일인가요? 그 선수는 연살 4개로 만든 연을 가지고 놀라운 솜씨를 발휘해 우승을 차지했답니다. 사람들은 "우아, 강화 연 넉살 좋다."라고 감탄했어요.

'강화 연 넉살 좋다'는 살이 4개인 강화의 연이 좋다는 뜻이에요. 그런데 세월이 흐르면서 강화 연의 '연'이 여자를 낮추어 부르는 '년'과 발음이 비슷하다는 이유로 '비위가 좋고 붙임성이 있는 강화도 여자'라는 뜻이 되었어요. 그러면서 '넉살 좋다'라는 말에 새로운 뜻이 생겼죠.

흔히 부끄러움을 타지 않고 친근하게 구는 행동이나 성격을 '넉살 좋다'라고 표현해요. 그런데 넉살 좋다는 말에는 '붙임성이 좋다', '성격이 좋다'는 의미도 있지만, '뻔뻔하거나 예의가 없다'는 부정적인 의미도 담겨 있어요.

건방지다

제구실을 못 하는 '건방죽'에서 유래한 말

건방지다
- 뜻) 잘난 체하거나 남을 낮추어 보듯이 행동하는 데가 있다.
- 예문) 그 친구는 말하는 태도가 너무 건방져.

비슷한 말: 거들먹거리다
- 뜻) 신이 나서 잘난 체하며 자꾸 거만하게 행동하다.

물이 밀려들어 오는 것을 막으려고 쌓는 둑을 '방죽'이라고 해요. 여름철에 비가 많이 올 때 물을 가둬 두었다가 물이 필요할 때 끌어다 쓰지요. 방죽은 특히 농사짓는 데 아주 중요한 역할을 했답니다.

방죽은 우리나라에 오래전부터 있었어요.

조선 고종 13년의 일이에요. 그해에 가뭄이 심하게 들었는데, 어찌나 지독한지 방죽 바닥이 쩍쩍 갈라질 정도였다고 해요. 물이 차 있는 방죽이 온 나라에 하나도 없었다고 하니, 얼마나 큰 가뭄이었는지 짐작할 수 있겠지요?

"아이고, 방죽에 물이 다 말라 버렸으니 농사를 어떻게 짓나!"

"그러게나 말일세. 이렇게 건방죽이 되어 버리다니!"

사람들은 말라 버린 방죽을 보고 '마를 건(乾)' 자를 붙여서 '건방죽'이라고 불렀어요.

방죽에는 물이 가득 차 있어야 하는데, 건방죽이 되었으니 방죽 구실을 할 수 없었어요. 그러니 사람들이 건방죽을 곱게 볼 리 없었겠죠?

그 뒤로 제구실도 못 하면서 나대기만 하는 사람을 '건방죽이다'라고 비꼬았다고 해요. 이 말이 '건방지다'로 바뀌었지요.

오늘날에는 자기 분수에 맞지 않게 잘난 체하거나 다른 사람을 낮추어 보듯 대하는 사람을 가리켜 '건방지다'라고 말해요.

오지랖이 넓다

'오지랖'은 겉옷의 앞자락이라는 뜻

오지랖이 넓다
- 뜻: 쓸데없이 지나치게 아무 일에나 참견하는 면이 있다.
- 예문: 그 사람은 무슨 일에나 오지랖이 넓다.

오지랖
- 뜻: 웃옷이나 윗도리에 입는 겉옷의 앞자락.
- 예문: 아낙네는 오지랖을 걷고 아이에게 젖을 물렸다.

"주모! 여기 막걸리 한 잔 더!"

허 생원은 오늘도 주막에 들러 막걸리를 연거푸 들이켰어요.

"아이고, 과거가 얼마 남지 않았다고 들었는데……."

참견쟁이 주모가 허 생원에게 말했어요.

"시끄럽소! 얼른 술이나 내오게나."

"나야 술 팔고 음식 팔아서 좋지만, 생원님은 과거 공부를 해야지 날마다 여기서 이러면 어떡하오?"

"아니, 주모가 장사나 하면 되지 무슨 말이 이렇게 많은가?"

그래도 주모는 지지 않고 허 생원에게 말했어요.

"어머님께서 생원님의 과거 급제를 위해 날마다 빌고 계시다 들었소. 그러니 이제 술은 그만 드시고 집으로 가시는 게 좋겠소."

"왜 이리 오지랖이 넓은가? 술맛 떨어져서, 원……."

그러자 주모가 앙칼지게 말했어요.

"외상값이나 갚고 마시든지요!"

허 생원은 얼굴이 벌게져서 툴툴대며 주막을 나갔답니다.

'오지랖이 넓다'는 '남의 일에 간섭하기 좋아한다'라는 뜻이에요. '오지랖'은 본래 겉옷의 앞자락을 가리키는 말입니다. 옷의 앞자락이 넓으면 그만큼 옷의 다른 부분을 많이 덮겠죠? 그런 면을 남의 일에 지나치게 간섭하는 사람에게 빗대어 표현한 말이에요.

본래는 남을 적극적으로 도와준다는 긍정적인 의미로 썼지만, 지금은 자기와 상관없는 일에 쓸데없이 잘 끼어들고 참견하는 사람을 부정적으로 묘사할 때 쓴답니다.

가탈스럽다
'말의 빠른 걸음'을 뜻하는 몽골어 '가탈'

가탈스럽다
- 뜻① 성미나 취향 따위가 별스러워 맞춰 주기에 어려운 데가 있다.
- 예문 현수는 성격이 엄청 **가탈스럽다**.
- 뜻② 조건, 규정 따위가 엄격해서 적응하기 어려운 면이 있다.
- 예문 **가탈스러운** 과정의 연속이었다.

비슷한 말: 까탈스럽다
뜻 '가탈스럽다'와 같은 뜻으로, 조금 더 강한 표현.

몽골은 1231년부터 1259년까지 무려 아홉 차례에 걸쳐 고려를 침략했어요. 그 뒤 두 나라는 강화를 맺어 겨우 싸움을 멈추었지만, 고려는 오랫동안 몽골의 간섭을 받아야 했어요. 이때 몽골의 풍속과 언어가 우리나라에 많이 들어왔답니다.

몽골 언어는 주로 무역을 하는 장사꾼들을 통해 전해졌어요. 장사꾼들은 물건을 말에 실어 고려와 몽골을 오갔어요. 그런데 몽골에만 가면 말의 걸음이 빨라졌다고 해요.

"몽골은 들판이 끝없이 펼쳐져 있어서 그런가. 여기만 오면 말이 너무 빨리 걸어."

"그러게 말이야. 말이 이렇게 갑자기 빨리 걸으면 몰기가 힘들어 곤란한데."

말이 빨리 걸으면 사람들은 편하게 이동하지 못했고, 말 등에 실은 짐이 흔들려 떨어지기 일쑤였어요. 이런 상황에 맞닥뜨리면 고려 장사꾼들은 "가탈스럽다."라고 말하곤 했어요.

'가탈'은 '말의 빠른 걸음'을 뜻하는 몽골어예요. 그 뒤로 사람들은 어떤 일이 순조롭게 진행되지 못하도록 누가 방해할 때 '가탈스럽다'라고 했어요. 그러다가 의미가 점차 바뀌어 성격이 원만하지 못해 맞춰 주기 어려울 때, 조건이나 규정 따위가 복잡하고 엄격할 때 '가탈스럽다'라고 표현하게 되었답니다.

칠칠맞다
일솜씨가 반듯하고 야무지다

칠칠맞다, 칠칠하다

뜻① 주접스럽지 않고 깨끗하고 단정하다.
예문 해가 중천에 떴지만 그는 아직도 칠칠치 못한 속옷 차림이다.
뜻② 성질이나 일 처리가 반듯하고 야무지다.
예문 지갑을 잃어버리다니, 왜 그렇게 칠칠맞지 못하니?
('칠칠맞다'와 '칠칠하다'는 같은 뜻이지만, '칠칠맞다'는 흔히 좀 더 속된 표현으로 쓰인다.)

채소 가게 주인 할머니가 채소를 가지런히 진열해 놓고 있었어요. 오늘따라 채소들이 어찌나 싱싱한지 콧노래가 절로 나왔지요. 그때 뒤에서 누가 말을 붙였어요.

"할머니, 이 열무 전부 다 얼마예요?"

"전부 다요?"

"네, 제가 요 앞에다 식당을 개업했는데 열무김치를 담그려고요. 앞으로 다른 채소도 많이 사 갈게요."

"아유, 그러시면 정말 고맙죠. 근데 왜 우리 채소를……."

"할머니 가게 채소들이 하나같이 아주 칠칠해서요."

'칠칠하다'는 본래 나무나 풀, 채소가 깨끗하게 잘 자라서 알차고 길다는 뜻이에요. 그런데 나무나 풀, 채소가 잘 자라려면 재배하는 사람의 솜씨가 좋아야겠죠? 그래서 '칠칠하다'라는 말에는 일솜씨가 매우 반듯하고 야무지다는 뜻도 담겨 있어요.

이처럼 '칠칠하다'는 남을 칭찬할 때 쓰는 말이에요. 그런데 흔히 덜렁거리고 야무지지 못한 사람을 '칠칠맞다'라고 표현하곤 하죠. 이런 식으로 말이에요.

"어휴, 밥을 다 흘렸잖아! 왜 이리 칠칠맞니?"

'칠칠맞다'는 '칠칠하다'와 같은 뜻이에요. 따라서 이럴 때는 '칠칠맞지 못하다', '칠칠하지 않다', '칠칠치 못하다'로 써야 맞아요.

매몰차다
하늘을 나는 '매'가 꿩을 몰아서 차다

매몰차다
- 뜻 인정이나 싹싹한 맛이 없고 몹시 쌀쌀맞다.
- 예문 때로는 **매몰차게** 거절할 줄도 알아야 합니다.

매와 관련된 우리말
매섭다: 매가 사납다.
매만지다: 매를 만지다.
매달리다: 매가 줄에 묶여서 대롱대롱 달려 있다.

우리 조상들은 꿩이나 토끼 같은 작은 짐승을 사냥할 때 매를 이용하곤 했어요. 그래서 매사냥꾼은 야생 매를 길들이기 위해 여러 훈련을 시켰지요.

하루는 어느 매사냥꾼이 자기가 훈련한 참매를 데리고 꿩 사냥에 나섰어요.

"훠이! 훠이!"

꿩 여러 마리를 발견한 매사냥꾼은 일부러 소리를 내서 꿩들을 한쪽으로 몰았어요.

'푸드덕, 푸드덕.'

꿩들이 날아오르자 사냥꾼은 잽싸게 매를 날리며 소리쳤어요.

"자, 가거라!"

매사냥꾼의 손에서 벗어난 매는 하늘을 시원하게 가르며 쏜살같이 날아갔어요. 그러고는 순식간에 꿩을 낚아챘지요.

참매가 하늘 높이 솟구쳤다가 꿩을 향해 내려올 때 최고 시속은 무려 370킬로미터나 된다고 해요. 정말 어마어마한 속도죠.

이때 매가 꿩을 잡으면 매사냥꾼들은 '매가 꿩을 몰아서 차다'라는 표현을 썼다고 해요. 매가 꿩을 잡을 때는 마치 앞발로 차듯이 잡거든요. 이때 매는 인정사정이 없어요. 조금도 머뭇거리지 않고 날아가서 사납게 꿩을 차지요.

즉 '매몰차다'는 '매가 꿩을 몰아서 차다'를 줄인 말이에요. 그 모습을 보고 사람들은 차갑고 인정 없는 사람을 가리켜 '매몰차다'라고 표현했다고 해요.

3장

음식이나 자연과 관련 있는 우리말

부대찌개

미군 부대에서 남은 소시지와 햄으로 끓인 찌개

부대찌개
- (뜻) 햄과 소시지 따위로 끓인 찌개. 한국 전쟁 이후 미군 부대에서 나온 고기로 찌개를 끓였던 데서 유래한다.
- (예문) 부대찌개는 동서양 식문화의 조합으로 탄생했다.

부대
- (뜻) 일정한 규모로 편성된 군대 조직을 이르는 말.
- (예문) 김 일병은 작전을 마치고 부대로 무사히 귀환했다.

한국 전쟁이 한창일 때, 경기도 의정부 지역에는 미군 부대가 많았어요. 미군 부대 근처에 사는 사람들은 주로 미군을 상대로 장사하며 먹고살았지요. 그중에는 미군에게 필요한 물건을 부대 안으로 배달하는 사람도 있었어요. 김 씨도 그런 사람들 중 한 명이었죠.

하루는 김 씨가 배달을 마치고 나오는데, 미군 한 명이 김 씨에게 다가와 무슨 꾸러미를 내밀었어요.

"이것 좀 맛보겠어요?"

"이게 뭔가요?"

"미국 사람들이 많이 먹는 소시지와 햄이에요."

그 무렵 미군 부대에서 나오는 소시지와 햄을 사람들은 '부대고기'라고 했어요. 사람들은 이 부대고기를 철판에 볶아 먹어 봤는데 한국 사람 입맛에는 좀 느끼했어요. 그래서 소시지와 햄에 김치, 고추장 등을 한꺼번에 넣고 팔팔 끓여 먹었어요. 그랬더니 맛이 아주 좋아 너도나도 끓여 먹게 되었답니다.

이렇게 해서 생겨난 음식이 바로 '부대찌개'예요. 미군 부대에서 나온 부대고기로 만든 찌개라는 뜻에서 그렇게 불렀지요.

한국 전쟁 때문에 생겨난 부대찌개에는 우리의 슬픈 역사가 담겨 있어요. 그렇지만 맛은 아주 좋아서 지금은 많은 사람들이 즐겨 먹는 음식이 되었답니다.

설렁탕

선농단에서 나누어 먹은 소고깃국 '선농탕'

설렁탕

- 뜻: 소의 여러 부위를 함께 넣고 푹 삶아서 만든 국.
- 예문: 설렁탕은 단백질이 많고 든든한 음식이다.

잘못된 표현: 설농탕
설렁탕을 '설농탕'으로 쓰는 경우가 있는데, '설렁탕'만 표준어로 인정해요.

몇 달째 비가 오지 않아 가뭄이 들자, 조선의 임금 성종은 명을 내렸어요.

"극심한 가뭄 탓에 백성들이 굶주리고 있다. 선농단에서 기우제를 지낼 테니 준비하도록 하라."

조선 시대에 동대문 밖에는 '선농단'이라는 제단이 있었어요. 중국 전설에 나오는 농업의 신 '신농씨'와 곡식의 신 '후직씨'에게 풍년이 들기를 빌던 곳이에요.

성종은 선농단에서 정성껏 기우제를 지낸 다음, 친히 팔을 걷어붙이고 논을 갈았어요. 그해 농사가 잘되기를 바라는 마음에서였지요. 논을 갈고 나서 성종은 신하들에게 명령했어요.

"가장 적은 재료를 사용해 최대한 많은 백성들이 먹을 수 있는 음식을 준비하라."

궁녀들은 커다란 가마솥에 밥을 짓고 소고깃국을 끓였어요. 그리고 주변 마을에 사는 노인들을 모두 불러 소고깃국을 대접했어요.

이 소고깃국을 처음에는 '선농탕'이라 일컬었다고 해요. '선농단에서 먹는 탕'이라는 뜻이었지요. 그러다 여러 변화를 거쳐 '설렁탕'이 되었다고 합니다.

한편 설렁탕이 몽골 전통 요리 '슐렁'에서 유래했다는 이야기도 있어요. 몽골에서는 소고기를 넣고 삶은 국을 슐렁이라고 하는데, 이 음식이 조선에 전해지면서 '설렁탕'으로 불리게 되었다는 설이에요. 민간에서는 국물을 오랫동안 설렁설렁 끓여서 설렁탕이라고 했다는 설도 있어요.

숙주나물

변절한 신숙주처럼 쉽게 변하는 나물

숙주나물

뜻 녹두에 싹을 내어 먹는 나물.
예문 ① 베트남 쌀국수에는 숙주나물을 올려 먹어야 맛있다.
② 숙주나물은 금방 상하기 때문에 싱싱한 상태로 팔기가 어렵다.

어느 날, 조선의 왕 문종이 신하 신숙주를 조용히 불렀어요.

"내가 몸이 많이 약해서 언제까지 살 수 있을지 모르겠네. 혹시 내가 일찍 죽거든 내 아들 홍위(단종)를 잘 보살펴 주게."

"전하의 뜻을 받들어 세자를 목숨 걸고 잘 보필하겠나이다."

얼마 뒤, 문종이 정말로 세상을 떠나자 열두 살밖에 안 된 단종이 왕위에 올랐어요. 그러나 문종의 동생 수양 대군은 이를 못마땅히 여겨 단종을 영월로 귀양 보내고, 스스로 왕위에 올랐지요.

이때 신하들은 신숙주가 끝까지 단종을 잘 보필하리라고 믿었어요. 문종과 굳게 약속했으니까요. 그러나 신숙주는 언제 그랬느냐는 듯이 단종을 배신하고, 수양 대군 편에 붙어 충성을 맹세했어요.

"신숙주 저 양반도 권력 앞에서는 어쩔 수 없나 보군. 저렇게 쉽게 변하다니."

"그러게 말일세. 쉽게 변하는 게 마치 녹두나물 같지 않은가."

사람들은 신숙주의 절개가 녹두나물처럼 잘 변한다고 흉을 봤어요. 녹두나물은 콩나물처럼 생겼는데, 날이 더우면 쉽게 상하고 말아요. 그래서 녹두나물을 신숙주에 빗대어 '숙주나물'이라고 부르게 되었답니다. 지조와 절개를 지키지 않은 신숙주를 비꼰 것이지요.

이 이야기는 숙주나물의 유래로 잘 알려져 있지만, 사실이 아닐 가능성이 크다고 해요. 그렇지만 이야기가 재미있고 꽤 그럴듯해서 널리 알려졌답니다.

비지땀
비지를 만들 때 나오는 콩 물처럼 흐르는 땀

비지땀
- (뜻) 몹시 힘든 일을 할 때 쏟아져 내리는 땀.
- (예문) 밭에서 비지땀 흘리는 아버지를 보니 가슴이 뭉클했다.

비슷한 말: 피땀
- (뜻) 피와 땀을 아울러 이르는 말로, 무엇을 이루기 위해 애쓰는 노력과 정성을 비유적으로 이르는 말.
- (예문) 이 회사는 우리 어머니가 피땀으로 일궈 놓은 곳이다.

"수영아, 오늘은 두부를 직접 만들려고 하는데 엄마 좀 도와줄래?"

수영이는 엄마를 돕기 위해 소매를 걷어붙이고 나섰어요.

"손두부를 만들려면 물에 불린 콩을 맷돌에 잘 갈아야 한단다."

수영이가 콩을 맷돌에 넣고 돌리려고 하자 엄마가 손사래를 치며 말했어요.

"물을 부어 주면서 맷돌을 돌려야 해. 그래야 갈린 콩이 맷돌 밖으로 흘러내리거든."

"이렇게요? 그런데 엄마, 이거 꽤 힘드네요!"

수영이가 힘차게 맷돌을 돌리자 하얗고 고소한 콩 물이 주룩주룩 흘러나왔어요.

엄마는 콩 물을 큰 냄비에 담아 팔팔 끓였어요. 그런 다음 따끈따끈한 콩 물을 면 보자기에 퍼 넣었지요.

"자, 이제 콩 물을 짜 줘야 한단다. 면 보자기로 짜낸 이 콩 물로 두부를 만드는 거야."

엄마는 면 보자기를 있는 힘껏 비틀었어요.

"엄마, 콩 물을 다 짜고 남은 이 찌꺼기는 뭐예요?"

"이게 바로 비지란다. 찌개를 끓이면 고소하고 맛있지."

대답하는 엄마 얼굴에서는 비지땀이 흐르고 있었어요.

<u>비지를 만들 때 나오는 콩 물처럼, 몹시 힘든 일을 할 때 줄줄 흐르는 땀을 비지땀이라고 해요.</u>

골탕

'곯다'와 발음이 비슷해서 뜻이 변한 말

골탕

- 뜻) 한꺼번에 되게 당하는 손해나 곤란.
- 예문) 나는 어릴 때 누나에게 자주 골탕을 먹었다.

관련 관용어: 골탕을 먹이다
- 뜻) 한꺼번에 크게 손해를 입히거나 낭패를 당하게 만들다.
- 예문) 김 씨를 골탕 먹일 좋은 수가 없을까?

옛날 옛적에 꾀 많은 당나귀가 있었어요. 어느 날, 당나귀는 무거운 소금 가마를 등에 지고 다리를 건너다가 발을 헛디디는 바람에 물에 빠지고 말았어요. 그러자 소금이 물에 녹아서 소금 가마가 훨씬 가벼워졌어요. 당나귀는 무게가 줄어든 소금 가마를 지고 편하게 갈 길을 갔어요.

며칠 뒤, 당나귀는 그 다리를 또 건너게 되었어요.

"후후, 발을 헛디딘 척하면서 일부러 물에 빠져야지. 그러면 짐이 가벼워질 거야."

그런데 이번에 당나귀가 지고 있던 짐은 소금이 아니라 솜이었어요. 솜은 물에 젖으면 엄청 무거워지지요. 당나귀는 뒤늦게 그 사실을 알고 낑낑거리며 혼잣말을 했어요.

"아이고, 괜히 꾀를 부리다가 골탕을 먹었구나."

옛날에 우리 조상들이 먹던 음식 중에 '골탕'이라는 음식이 있어요. 소의 머릿골이나 등골을 기름에 지진 다음 맑은장국에 넣고 푹 끓인 국이에요. 그러니까 본래 '골탕을 먹다'는 맛있는 고깃국을 먹는다는 뜻이었어요.

그런데 골탕이라는 발음이 '속이 물러져 상하다'라는 뜻의 '곯다'와 발음이 비슷해서 점점 의미가 변했어요. '골탕을 먹이다'가 '곯은 탕을 먹이다'라는 뜻이 되면서, 지금은 누구를 곤란하게 만들거나 손해를 입혔을 때 사용하는 말이 됐지요.

말짱 도루묵

맛이 없으니 도로 묵이라 불러라!

말짱 도루묵
- (뜻) 아무 소득이 없는 헛된 일이나 헛수고를 속되게 이르는 말.
- (예문) 고 3이 되더니만 공부를 하지 않아 그동안의 노력이 말짱 도루묵이 됐다.

관련 단어: 도루묵
- (뜻) 몸이 옆으로 편평하며, 등은 누런 갈색이고 배는 흰 은빛을 띠는 바닷물고기.

1592년에 임진왜란이 일어나자 당시 임금 선조는 부랴부랴 피란을 떠났어요. 그런데 먹을 것이 턱없이 부족해 수라상이 초라하기 그지없었어요. 이 소식을 듣고 어떤 어부가 앞바다에서 잡은 물고기를 선조에게 바쳤어요.

"아주 맛이 좋구나. 이 물고기의 이름은 무엇이냐?"

"이 물고기는 '묵'이라고 하옵니다."

어부가 대답하자, 선조는 그 이름이 좋지 않으니 '은어(銀魚)'라 부르라고 이름을 내려 줬어요.

전쟁이 끝나 한양으로 돌아온 선조는 '은어'가 생각나서 다시 먹어 봤어요. 그런데 피란지에서 먹은 그 맛이 아니었어요.

"에이, 도로(다시) 묵이라 불러라!"

그때부터 이 물고기에는 '도로묵'이라는 새로운 이름이 붙었어요. 그 뒤로 '말짱 도루묵'이라는 말이 생겼대요.

이 이야기는 널리 알려졌지만 사실인지는 확인할 수 없어요.

한편 이런 유래도 전해져요. 도루묵은 본래 '돌목'이라고 했는데, 시간이 지나면서 '도르목'으로 불리다가 '도루묵'이 됐다는 설이지요.

도루묵은 맛이 별로 없어서 거의 생선 취급을 받지 못했어요. 어부들은 도루묵이 잡히면 좋아하지 않았지요. 힘들여 그물을 끌어 올렸는데 도루묵만 잔뜩 있으면 어부들은 이렇게 말했다고 해요. "아이고, 말짱 도루묵이네." 그래서 애써서 한 일이 아무 소용 없어졌을 때 '말짱 도루묵'이라고 하게 됐다고도 해요.

방아깨비

방아를 찧는 것처럼 위아래로 움직이는 곤충

방아깨비
- (뜻) 메뚜깃과의 곤충으로 뒷다리가 매우 크고 길다.
- (예문) 나는 여름 방학 때 시골 외갓집에 가면 방아깨비를 잡곤 했다.

여름 방학을 맞아 태은이는 시골 할머니 댁에 갔어요. 오랜만에 사촌인 용희 언니도 만났지요.

"태은아, 우리 숲에 놀러 갈까?"

여름철 숲속은 곤충 울음소리로 가득 차 있었어요.

"태은아, 여기 방아깨비가 있어!"

"와, 정말!"

방아깨비는 다른 곤충보다 몸집이 크고 뒷다리가 길어요. 용희는 재빨리 손을 뻗어 방아깨비를 잡았어요.

"언니, 무섭지 않아?"

"무섭긴. 내가 재미있는 거 보여 줄게. 이 방아깨비 뒷다리 끝을 잡아 봐."

태은이는 용기를 내서 방아깨비 뒷다리를 잡았어요. 그랬더니 방아깨비가 방아를 찧듯 몸을 끄덕끄덕 움직였답니다.

그런데 이 곤충의 이름이 왜 하필 방아깨비일까요?

'방아'는 곡식 따위를 찧거나 빻는 기구를 통틀어 이르는 말이에요. 절구통에 곡물을 넣고 절굿공이를 위아래로 움직이며 찧으면 곡물 껍질이 벗겨지지요.

<u>방아깨비 뒷다리 끝을 손으로 쥐면, 방아깨비가 마치 절굿공이처럼 위아래로 움직여요. 그 모습이 방아와 비슷해서 이름이 방아깨비가 되었답니다.</u> 시골에 가면 꼭 한번 찾아보세요!

뚱딴지
본래는 '돼지감자'의 또 다른 이름

뚱딴지
(뜻) 행동이나 사고방식 따위가 너무 엉뚱한 사람을 놀림조로 이르는 말.
(예문) 또 뚱딴지같은 생각을 하는구나?

옛날에는 '뚱딴지'를 심어서 가축 사료로 썼어요. 주로 돼지의 먹이로 썼기 때문에 '돼지감자'라고도 했지요.

그런데 뚱딴지는 맛이 별로 없었어요. 돼지들도 다른 먹이가 있으면 뚱딴지는 거들떠보지 않았답니다.

그래서 뚱딴지를 재배하는 농가가 차츰 줄었어요. 하지만 뚱딴지는 생명력이 강했어요. 누가 재배하지 않아도 저 혼자 쑥쑥 자라났답니다.

농사꾼 김 씨는 그런 뚱딴지가 달갑지 않았어요.

"밭에 파를 심어야 하는데 웬 뚱딴지가 이렇게 많이 자라 있지?"

김씨는 뚱딴지를 보이는 대로 뽑아 버렸어요. 그러나 며칠 뒤면 다 뽑아 버린 줄 알았던 뚱딴지가 다시 곳곳에 자라나 있었어요.

이처럼 뚱딴지는 아무 데서나 잘 자라고 자라는 속도가 엄청 빠른 편이에요. 생각지도 못한 곳에서 자라나 사람들을 놀라게 하곤 했지요. 이런 모습에 빗대어 상황이나 이치에 맞지 않게 엉뚱한 말과 행동을 하는 사람을 '뚱딴지'라고 부르게 된 거예요.

한편 다른 설도 있어요. 전기가 흐르는 송전선에는 전류가 통하지 않게 하려고 만든 기구가 있는데, 이것을 '애자' 또는 '뚱딴지'라고 해요. 그래서 전기가 통하지 않듯이 말이 잘 통하지 않는 사람을 뚱딴지라고 부르게 되었다고도 해요.

꼬투리
콩이나 팥 같은 식물의 씨를 싸고 있는 껍질

꼬투리
- 뜻① 어떤 이야기나 사건의 실마리.
- (예문) 드디어 사건의 꼬투리를 잡았다.
- 뜻② 남을 해코지하거나 헐뜯을 만한 거리.
- (예문) 엄마는 괜히 꼬투리를 잡아서 신경질이야.

옛날 어느 고을에 지혜로운 사또가 있었어요. 어느 날, 한 부잣집 돈궤에 들어 있던 돈이 모조리 사라지는 사건이 일어났어요. 사또는 그 집 하인들을 다 불러 모아 놓고 이렇게 말했지요.

"전부 눈을 감고 앞에 놓여 있는 저 항아리에 손을 넣었다 빼거라. 저 항아리는 범인을 찾아내는 신통한 항아리다."

잠시 뒤, 사또가 하인들에게 말했어요.

"자, 모두들 손을 앞으로 내밀어 보거라."

하인들의 손은 모두 하얗게 변해 있었어요. 딱 한 사람만 빼고요. 그러자 사또가 의기양양하게 말했어요.

"드디어 꼬투리를 잡았다. 손에 하얀 밀가루가 묻지 않은 저놈이 바로 범인이다. 항아리 안에는 밀가루가 들어 있었다. 저 범인은 자기가 범인이라는 걸 들키지 않으려고 항아리에 손을 넣지 않은 게 분명하다."

돈을 훔친 하인은 큰 벌을 받았습니다.

꼬투리는 본래 콩이나 팥 같은 식물의 씨를 싸고 있는 껍질을 가리키는 말이에요. 이 꼬투리를 손으로 잡아 뜯으면 그 안에 어떤 알맹이가 들어 있는지 알아낼 수 있어요. 그래서 꼬투리는 '어떤 이야기나 사건의 실마리'라는 뜻으로 쓰이게 되었답니다. 또한 쓸데없이 트집 잡을 때도 '꼬투리를 잡다'라고 해요. 요즘에는 이 뜻으로 더 많이 사용해요.

감쪽같다
감나무를 접붙이기 한 티가 전혀 나지 않다

감쪽같다
- 뜻) 꾸미거나 고친 것이 전혀 알아챌 수 없을 정도로 티가 나지 않는다.
- 예문) 숨겨 둔 과자가 감쪽같이 사라져 버렸어.

감과 관련된 속담: 곶감 꼬치에서 곶감 빼 먹듯
- 뜻) 알뜰히 모은 재산을 조금씩 헐어 써 없앤다.

옛날 어느 마을에 평생 과일 농사만 지은 최 노인이 살았어요. 하루는 어떤 젊은이가 최 노인을 찾아와 물었어요.

"어르신, 저희 집 밭에 돌감나무가 많은데, 맛이 너무 형편없어서 시장에 내다 팔 수가 없습니다. 무슨 좋은 방법이 없을까요?"

"접붙이기를 해 보면 어떻겠나?"

"접붙이기요? 어떻게 하는 건가요?"

"돌감의 씨눈 가지를 잘라서 고욤나무 가지에 붙이는 거지. 그러면 분명 큼직하고 단맛이 나는 감이 자라날걸세."

젊은이는 반신반의했지만, 최 노인이 알려 준 대로 접붙이기를 해 봤어요. 그랬더니 고욤나무에서 진짜 맛있고 큰 감이 열렸답니다.

씨눈 가지를 잘라서 다른 나무 가지에 대는 것을 '접붙이다'라고 하는데, 고욤나무에 감나무를 접붙인 것은 '감접'이라고 했어요. 감접을 하면 서로 다른 나뭇가지여서 처음에는 표시가 났지만, 감이 열릴 즈음에는 접붙인 흔적을 전혀 찾을 수 없었어요. 그래서 어떤 흔적이 전혀 티가 나지 않을 때 '감접같다'라는 말을 쓰게 됐어요. 그러다 점점 발음 변화를 거쳐 '감쪽같다'로 변했지요.

한편 맛있는 곶감을 누가 빼앗아 먹을까 봐 흔적도 없이 말끔히 다 먹어 치운다는 데서 '감쪽같다'는 말이 생겨났다는 설도 있어요.

두 유래가 모두 신기하고 재미있지요? 어느 쪽이 사실인지는 알 수 없지만, 그만큼 감을 친근하고 맛있는 과일로 여겼다는 것을 엿볼 수 있어요.

진이 빠지다

나무의 '진'이 빠지면 시들시들해진다

진이 빠지다
- 뜻① 힘을 다 써서 기진맥진해지다.
- 뜻② 실망하거나 싫증이 나서 의욕을 잃다.
- (예문) 일주일 동안 시험을 치르느라 진이 다 빠졌다.

관련 관용어: 녹초가 되다
(뜻) 초가 녹아내려 흐물흐물해진 것처럼 맥이 다 풀려서 힘을 못 쓰는 상태라는 뜻.

봄이 되자 올해도 김 씨 할아버지는 소나무의 '진', 즉 송진을 채취하러 산에 올랐어요. 풀이나 나무껍질 따위에서 분비되는 끈끈한 물질을 '진'이라고 해요.

할아버지가 송진을 채취할 때 지나가던 등산객이 물었어요.

"할아버지, 지금 뭐 하시는 거예요?"

"송진을 채취하는 겁니다."

"송진이 몸에 좋은가 보죠?"

"그럼요. 소나무 껍질에서 나오는 송진은 오래전부터 약재로 널리 쓰였어요. 특히 피부병에 좋답니다."

김 씨 할아버지는 송진을 적당히 채취한 뒤 산을 내려갔어요.

그런데 송진을 지나치게 많이 채취하는 사람들이 종종 있었어요. 진을 지나치게 뽑아내면 나무는 기운을 잃고 시들시들하다가 말라 죽기도 하지요. 여기서 '진이 빠지다'라는 말이 유래했다고 해요.

힘을 다 써서 지쳤을 때 "진이 빠졌다."라고 표현해요. 또 싫증이 나거나 실망해서 의욕을 잃었을 때도 "진이 빠졌다."라고 하지요. 같은 뜻으로 '파김치가 되다'라는 말이 있어요. 양념에 절인 파김치가 흐물흐물해 보이는 것을 지친 사람의 모습에 빗댄 표현이에요.

미역국 먹다

시험에서 떨어지거나 직위에서 떨려 나다

미역국 먹다
- 뜻① (비유적으로) 시험에서 떨어지다.
- 예문 작년에 이어 같은 대학을 지원했지만 또 미역국을 먹었다.
- 뜻② (비유적으로) 직위에서 떨려 나다.
- 예문 이번에 우리 부서에서 누가 미역국을 먹었대?

1907년, 대한 제국은 아주 힘든 시기를 맞았어요. 일본이 고종 황제를 끌어내리고 우리나라 군대를 강제로 해산하면서 완전히 나라를 손아귀에 넣었거든요.
　대한 제국 군인들은 큰 충격을 받고 울분을 터뜨렸어요.
　"내 나라는 내가 지킨다. 대한 제국 군대에 해산이란 없다!"
　군인들은 '군대 해산'이라는 치욕스러운 말을 차마 입에 올릴 수 없었어요.
　"해산? 누구 마음대로 해산? 임신부가 아이를 낳는 게 해산이지. 군대 해산이라니, 절대 안 돼!"
　그때부터 군인들은 군인 신분을 잃은 뒤에 이렇게 말했지요.
　"나 미역국 먹었어."
　이렇게 말하면 군인들은 무슨 뜻인지 다 알아차렸답니다.
　'미역국을 먹다'라는 말은 군대 '해산'과 임신부가 아기를 낳는 '해산'이라는 단어가 같은 데서 나온 표현이에요. 아기를 낳은 산모들이 몸조리하면서 미역국을 먹는 것에 빗대어 군인 신분을 잃은 것을 간접적으로 표현한 말이지요.
　요즘은 '미역국을 먹다'라는 말에서 군대 해산이라는 의미는 사라지고, 입학 시험이나 입사 시험에서 떨어졌다는 뜻으로 사용되고 있어요. 미역이 미끌미끌해서 시험에 미끄러졌다는 의미와도 잘 어울리기 때문이에요.

4장
알고 쓰면 더 재미있는 우리말

부랴부랴
'불이야, 불이야'에서 나온 말

부랴부랴
- 뜻) 몹시 급하게 서두르는 모양.
- 예문) 학교에 지각하지 않으려고 부랴부랴 뛰어갔다.

- 비슷한 말: 부리나케 ('불이 나게'가 바뀐 말)
- 뜻) 서둘러서 아주 급하게.
- 예문) 비가 쏟아질 듯해서 부리나케 산을 내려왔다.

1915년 2월, 찬 바람이 부는 새벽에 일어난 일이에요. 높은 망루 위에서 사방을 살펴보던 소방관은 깜짝 놀랐어요.

"저게 뭐지? 불이 났나?"

가만히 보니 단성사 근처에서 불이 난 것 같았어요. 단성사는 그때 서울에서 가장 유명한 극장이었어요.

"비상! 단성사에 불이 났습니다. 빨리 출동해 주십시오!"

소방관은 동료들과 함께 단성사 쪽으로 달려갔어요.

단성사에 도착하니 이미 검은 연기가 하늘로 치솟고 불길이 거세었지요.

"큰일이군! 우선 사람들부터 구해야 해."

극장 안에서 직원들이 자고 있을지도 모를 일이었어요. 소방관들은 문을 두드리며 다급히 외쳤어요.

"불이야! 불이야!"

불길이 더 거세지기 전에 사람들을 구해야 했기에 소방관들은 마음이 몹시 급했어요.

사람들은 불이 나면 아주 다급하게 "불이야! 불이야!"라고 소리쳐요. '부랴부랴'는 바로 이 '불이야, 불이야'가 줄어서 생긴 말이에요. 불이 났다고 소리치듯이 매우 급하게 서두를 때 쓰는 말이지요.

개발새발

개의 발과 새의 발로 쓴 글씨

개발새발

뜻) 개의 발과 새의 발이라는 뜻으로, 글씨를 아무렇게나 써 놓은 모양을 이르는 말.
예문) 철수는 개발새발 글씨를 쓴다.

비슷한 말: 괴발개발
뜻) 고양이의 발과 개의 발이라는 뜻으로, 제멋대로 모양 없이 써 놓은 글씨.

조선 시대의 명필 한석봉 이야기예요.

한석봉은 글씨를 공부하려고 한동안 절에 머물렀어요. 몇 년 뒤, 석봉은 이 정도면 됐다 생각하고 고향으로 돌아갔어요.

어머니는 예상보다 일찍 돌아온 석봉을 보며 이렇게 말했어요.

"그래, 글씨가 얼마나 늘었는지 보자꾸나."

그러고는 호롱불을 끄고 말했지요.

"나는 떡을 썰 테니, 너는 글씨를 쓰거라."

얼마 뒤에 어머니는 다시 불을 켰어요. 떡장수인 어머니가 썰어 놓은 떡은 나무랄 데 없이 가지런했어요. 그러나 석봉의 글씨는 삐뚤 빼뚤 엉망이었습니다.

"개발새발 엉망인 네 글씨를 한번 보거라. 네 공부가 부족하다고 생각하지 않느냐?"

석봉은 그길로 다시 글씨 공부를 하러 떠났답니다.

제멋대로 아무렇게나 휘갈겨 쓴 글씨를 가리켜 '개발새발'이라고 해요. 글씨를 쓴 모양이 마치 글자를 모르는 개나 새가 쓴 것처럼 엉망진창이라고 해서 이렇게 표현했지요. 비슷한 말로는 '괴발개발'이 있어요.

개발새발은 본래 표준어가 아니었지만, '괴발개발'보다 사람들이 많이 썼기 때문에 2011년에 표준어로 인정받았어요.

주먹구구

'주먹'으로 하는 '구굿셈'처럼 대충 하는 계산

주먹구구
- (겉뜻) 손가락으로 꼽아서 하는 셈.
- (속뜻) 어림짐작으로 대충 하는 계산을 이르는 말.
- (예문) 주먹구구식 주식 투자는 하지 말아야 한다.

관련 우리말: 어림짐작
- (뜻) 대강 헤아리는 짐작.
- (예문) 어림짐작으로 5천 명의 응원단이 경기장을 찾았다.

물건을 사고파는 상인들은 셈이 빠르고 정확해야 해요. 그런데 생선 장사를 하는 노 씨 할아버지는 구굿셈을 못 해서 번번이 애를 먹었어요.

"할아버지, 이 꽁치 다섯 마리에 얼마예요?"

"한 마리에 7푼이니 다섯 마리면…… 가만, 얼마지? 자, 잠시만 기다리시오."

노 씨 할아버지는 주먹을 쥐었다 폈다 하며 구굿셈을 했어요. 그 모습을 보고 손님은 내심 불안해졌어요.

'저렇게 계산하면 셈이 틀리지 않을까? 혹시라도 돈을 더 받는 거 아냐?'

노 씨 할아버지가 못 미더웠던 손님은 생선 가게를 그냥 나가 버렸답니다.

노 씨 할아버지는 주먹을 쥐었다 폈다 하며 구굿셈을 할 때마다 번거롭기도 하고 종종 헷갈렸어요. 그래서 손님들에게 믿음을 주지 못했지요.

여기서 '주먹구구'라는 말이 생겨났답니다. '주먹구구'는 손을 쥔 모양인 '주먹'에 구구단의 줄임말 '구구'가 합쳐진 표현이에요. 즉 주먹구구는 주먹으로 구굿셈을 하는 모습에서 유래한 말이죠.

요즘에는 어떤 일을 건성으로 처리하거나, 계산을 어림짐작으로 대충 할 때 '주먹구구'라고 표현해요. 또 계획이나 체계 없이 일하는 것도 '주먹구구'라고 해요.

하룻강아지

태어난 지 '하루'가 아니라 '한 살'

하룻강아지
뜻① 태어난 지 얼마 안 되는 어린 강아지.
뜻② 사회 경험이 적고 지식이 얕은 어린 사람을 놀림조로 이르는 말.
예문 그 사람은 하룻강아지에 불과하다.

관련 속담: 하룻강아지 범 무서운 줄 모른다
뜻 자기보다 뛰어난 상대에게 철없이 함부로 덤비는 경우를 이르는 말.

맹수를 척척 잡는 유명한 포수가 있었어요. 포수는 강아지를 한 마리 길렀는데, 여느 강아지와 달리 겁이 없었어요. 포수가 잡아 온 죽은 호랑이며 곰처럼 사나운 짐승을 보며 자랐으니까요.

어느 날, 포수네 강아지가 산에서 호랑이를 만났어요. 호랑이가 '어흥!' 하며 겁을 주었지만 강아지는 당돌하게 덤벼들었어요. 호랑이는 강아지가 하는 행동이 가소로워 그냥 가 버렸어요.

며칠 뒤, 강아지는 또 산으로 갔어요. 그런데 커다란 나무 아래서 호랑이가 낮잠을 자고 있지 않겠어요? 강아지는 다짜고짜 달려들어 호랑이의 수염을 잡아당기며 장난을 쳤어요.

호랑이는 잠에서 깨어 으르렁거렸지요.

"하룻강아지 범 무서운 줄 모른다더니, 네 이놈!"

그러나 강아지는 더욱 기세등등하게 소리쳤어요.

"내가 누군지 알아? 바로 저 유명한 포수네 강아지다!"

강아지는 본때를 보여 줘야겠다 싶어서 호랑이 코를 덥석 물었어요. 그러자 화가 머리끝까지 난 호랑이는 강아지를 한입에 삼켜 버리고 말았답니다.

하룻강아지는 하릅강아지가 변한 말이에요. '하릅'은 나이가 한 살이 된 소, 말, 개 따위를 이르는 말이에요. 그러니까 하룻강아지는 태어난 지 하루가 된 강아지가 아니라 한 살이 된 강아지를 가리켜요. 지금은 태어난 지 얼마 안 되는 강아지를 일컫는 말이 되어, 보통은 사회 경험이 적고 지식이 얕은 어린 사람을 놀림조로 부를 때 써요.

도떼기시장

온갖 물건을 사고파는, 질서가 없고 시끌벅적한 시장

도떼기시장
- (뜻) 정신이 없을 정도로 바쁘고 무질서하며 시끄러운 곳.
- (예문) 지금 백화점에서 바겐세일 한다고 난리 났어. 완전 도떼기시장이야.

비슷한 말: 도깨비시장
- (뜻) 중고품, 고물 따위 등 여러 종류의 물건을 파는 시끌벅적한 시장.
- (예문) 도깨비시장에서는 부르는 게 값이다.

"와! 해방이다!"

"드디어 우리나라가 일제 치하에서 벗어나는구나!"

1945년, 우리나라가 일본에서 해방되자 우리나라에 와 있던 일본인들은 대부분 자기 나라로 돌아갔어요. 일본인들은 주로 부산에서 배를 타고 귀국했는데, 일본으로 가기 전에 자기들이 쓰던 가재도구를 부산 시장에서 팔아 돈을 챙겼어요. 이렇게 형성된 부산 시장은 규모가 어마어마하게 컸다고 해요. 없는 물건이 없을 정도로 거래하는 물건의 종류도 많았답니다.

1950년, 6·25전쟁이 일어난 뒤에 부산 시장은 더 북적댔어요. 부산으로 온 피란민들이 그곳에서 장사를 시작했거든요.

"자, 여기 좀 보시오! 이 치마는 어떻소? 내가 싸게 팔겠소."

"이게 미제 라디오라오. 소리 한번 들어 보시겠소?"

그들은 입던 옷을 비롯해 중고품, 미군들이 쓰던 물건, 밀수품까지 돈이 되는 건 뭐든지 팔았답니다. 시장은 물건을 흥정하는 사람들로 온종일 북적거렸지요. 이 시장이 바로 부산 '국제시장'이에요. 지금은 부산의 명소로 자리 잡은 이 시장을 그때는 '도떼기시장'이라고 불렀다고 해요.

'도떼기'는 '도거리로 떼다'라는 표현에서 생긴 말로 추정돼요. 한데 합쳐 몰아치는 일을 뜻하는 '도거리'와 물건을 사는 것을 뜻하는 '떼다'가 합쳐진 말이에요. 이 말이 줄어들어 '도떼기'가 된 거죠. 도떼기시장은 처음에는 '불법적인 거래가 이루어지는 시장'이라는 의미로 쓰였는데, 시간이 지나면서 그 뜻이 넓어져 요즘은 '질서가 없고 시끌벅적한 시장'이라는 의미로 쓰인답니다.

알나리깔나리
아이들이 남을 놀릴 때 하는 말

알나리깔나리
- (뜻) 아이들이 남을 놀릴 때 하는 말.
- (예문) 알나리깔나리, 현진이는 오줌싸개래요.

조선 후기에는 돈을 주고 관직을 사는 사람들이 많았어요. 그런데 돈으로 관직을 사서 관리가 된 사람들은 나이가 아주 어리거나, 관리 일을 제대로 할 만큼 식견이 높지 않은 경우가 대부분이었어요.

최 부자네 맏아들도 돈으로 관직을 사서, 겨우 열다섯 나이에 한 고을의 원님이 되었답니다.

"여봐라! 요즘 우리 고을에 흉악한 사건이 많이 일어난다는데, 대체 무슨 일인지 조사해 오너라."

그러자 아전들은 피식피식 웃으며 수군댔어요.

"무슨 일인지 말씀드려도 알나리께서는 알아듣지 못하실 텐데."

"그러게나 말이야. 우리 알나리께서 오늘은 기합이 단단히 들어가셨군."

아전들은 원님을 '알나리'라고 부르며 업신여겼어요. '알'은 '작다'는 뜻이고 '나리'는 '지체가 높은 사람'을 부르는 말로, '알나리'는 어리고 키가 작은 사람이 벼슬한 경우를 놀림조로 이르는 말이에요.

여기에서 남을 놀릴 때 쓰는 '알나리깔나리'라는 말이 생겼다고 해요. '깔나리'는 '알나리'에 운을 맞추기 위해 쓰인 말로, 별다른 뜻은 없어요. 그런데 이 말을 발음하기가 좀 어렵다 보니 '얼레리꼴레리'라고 하는 경우가 많아요. 그렇지만 '얼레리꼴레리'는 표준어가 아니에요. '알나리깔나리'가 맞는 표현이랍니다.

너스레

그릇 아가리나 구덩이 위에 얼기설기 걸쳐 놓는 나뭇가지

너스레
- (뜻) 수다스럽게 떠벌려 늘어놓는 말이나 행동.
- (예문) 그 친구의 걸쭉한 너스레에 모두 크게 웃었다.

관련 관용어 : 너스레를 떨다
- (뜻) 남을 놀리려고 늘어놓거나 이런저런 말을 떠벌리다.

옛날 우리 선조들은 채소를 어떻게 보관했을까요? 옛날에는 냉장고가 없었기 때문에 배추나 무 같은 채소는 항아리에 담아 땅에 묻었어요.

동석이는 항아리를 묻으려고 구덩이를 팠어요.

"어머니, 이 정도면 될까요?"

"더 파야겠다. 깊이 묻어야 채소를 싱싱하게 보관할 수 있거든."

동석이는 구덩이를 더 깊게 팠어요. 그리고 채소가 든 항아리를 어머니와 함께 땅속에 묻었지요.

어머니는 나뭇가지를 한 다발 가져와서 항아리 위에 얼기설기 올려놓았어요.

"이렇게 너스레를 놓아야 끝난단다."

그릇 아가리나 흙구덩이에 걸쳐 놓는 막대기를 '너스레'라고 해요. 땅에 함정을 파고 그것을 숨기기 위해 풀과 나무를 얼기설기 올려놓는 것도 너스레이지요.

그런데 이런 너스레가 왜 수다스럽게 떠드는 행동을 가리키는 말이 됐을까요? 그 이유는 나뭇가지를 아무렇게나 이리저리 올려놓는 모습과, 이런저런 말을 마구 떠벌리는 모습이 닮았기 때문이에요. 그래서 수다스럽게 늘어놓는 말이나 몸짓을 가리켜 "너스레를 떤다."라고 한답니다.

보람
본래 뜻은 다른 것과 구분하기 위한 '표시'

보람
뜻① 다른 물건과 구별하거나 잊지 않기 위해 표시를 해 둠. 또는 그런 표적.
(예문) 내가 읽은 곳까지 책에 보람을 해 두었다.
뜻② 어떤 일을 한 뒤에 얻어지는 좋은 결과나 만족감.
(예문) 그는 자신의 직업에 큰 보람을 느낀다.

김 선비가 초시에 합격하자 스승님이 물었어요. 초시는 지금으로 말하자면 고시의 1차 시험이라고 할 수 있어요.

"초시에 합격하다니, 정말 축하하네. 이제 대과에도 도전해야지?"
"네, 도전해 보려고 합니다."
"대과 공부는 어떻게 할 생각인가?"
스승님이 묻자 김 선비가 대답했어요.
"책을 사흘에 한 권씩 뗄 계획입니다."

그 후, 김 선비는 날이면 날마다 책 읽기에 몰두했어요. 그리고 잠자리에 들기 전에는 읽은 부분을 표시하기 위해 보람 끈을 끼워 넣었지요. 책을 다 읽고 나면 보람 끈을 책에서 빼냈는데, 그때마다 아주 큰 만족감을 느꼈어요.

다른 물건과 구별하기 위한 표시나 표적을 '보람'이라고 해요. 그래서 책을 읽던 곳을 표시하려고 책 사이에 끼워 두는 끈을 '보람 끈'이라고 했지요. 주로 15세기부터 19세기까지 쓰던 말이에요.

그런데 '표시'를 가리키는 보람이 지금은 왜 '어떤 일을 해냈을 때 느껴지는 만족감'을 뜻하는 말이 되었을까요?

여러분은 책 한 권을 다 읽고 나면 기분이 어떤가요? 뿌듯하고 만족감이 크지요? 옛날 사람들도 책을 다 읽고 보람 줄을 거둘 때는 큰 만족감을 느꼈어요. 그래서 언제부터인지 '보람'이 '만족감'을 나타내는 말로 주로 쓰이게 되었답니다.

바늘방석

바늘에 찔린 것처럼 앉아 있기에 불편한 자리

바늘방석

- **겉뜻** 바늘을 꽂아 두려고 헝겊 속에 솜 따위를 넣어 만든 수공예품.
- **속뜻** 앉아 있기에 아주 불편하고 불안한 자리를 비유적으로 이르는 말.
- **예문** 바늘방석에 앉아 있는 기분이었다.

비슷한 말: 가시방석
- **뜻** 앉아 있기에 아주 불안스러운 자리를 비유적으로 이르는 말.

몇 년 전에 아버지가 돌아가신 뒤로 연희네는 형편이 몹시 어려워졌어요. 그래서 어머니가 삯바느질로 생계를 꾸려 갔지요. 엄마는 밤이고 낮이고 바느질에 열심이었어요. 그러다 보니 방에는 여기저기 바느질 도구가 널려 있었어요.

"앗, 따가워!"

"에구, 너 또 바늘에 찔렸구나?"

"엄마, 너무 따가워요."

어머니는 연희 치마에 꽂힌 바늘을 빼 주며 나무랐어요.

"여기에 바늘방석 있는 거 못 봤어? 잘 살펴야지. 그렇게 아무 데나 털썩 앉으면 어떡하니?"

연희는 연신 엉덩이를 문질렀어요. 얼마나 아픈지 눈물이 찔끔 나왔답니다.

바늘은 작고 가늘어서 잃어버리기 쉬워요. 그래서 옛날에는 주로 바늘방석에 바늘을 꽂아 두었어요. 바늘방석은 헝겊 속에 솜이나 머리카락을 넣어서 만들었는데, 여기에 바늘을 여러 개 꽂아 두면 찾아 쓰기 편했지요.

그런데 실수로 바늘방석에 앉으면 어떻게 될까요? 생각만 해도 아프고 불편하겠죠? 그래서 바늘방석은 '앉아 있기에 아주 불안스럽고 불편한 자리'를 비유적으로 이르는 말이 되었답니다.

북새통

금가루를 골라내기 위해 요란스럽게 흔들던 '복사통'

북새통
- (뜻) 많은 사람이 야단스럽게 소란을 피우는 상황.
- (예문) 명절을 앞두고 시장이 **북새통**을 이루었다.

관련 한자어: 야단법석(惹端법석)
- (뜻) 많은 사람이 모여들어 떠들썩하고 부산스러운 상태.
- (예문) 고모가 온다고 하니 아이들이 좋아서 **야단법석**이다.

금을 어떻게 캐는지 알고 있나요? 여러 가지 방법이 있지만, 보통은 금광에서 금광석(금이 들어 있는 돌)을 캔 뒤에 거기에서 순수한 금을 골라내지요.

금광에서 일하는 김 반장은 마음이 급했어요. 금광석을 빻아 일차로 금을 골라내긴 했지만, 남은 돌가루에도 금이 조금씩 남아 있을 테니 다시 세밀하게 금을 골라야 했어요.

김 반장이 광부들에게 큰 소리로 외쳤어요.

"자, 이제 복사를 복사통에 넣고 다시 한번 금가루를 골라내는 작업을 합시다!"

여기서 '복사'란 금을 골라내고 남은 돌가루를 말해요. 복사통은 그 복사를 넣은 통이고요.

"복사에는 아직 작은 금가루가 남아 있을 겁니다. 아주 작은 금가루라도 돈이 되니까 마지막까지 힘을 냅시다!"

광부들은 복사통에 돌가루를 부어 넣었어요. 잠시 후, 복사통에서 돌가루가 이리저리 흔들리면서 요란한 소리를 내자 주변은 소음으로 가득 찼지요.

<u>여기에 빗대어 많은 사람이 소란스럽게 떠들며 어수선하게 구는 모습을 '복사통'이라고 했대요. 그러다가 '북새통'으로 발음이 변했지요.</u> 흔히 축제나 행사, 관광지 등에 사람들이 많이 모여들어 뒤섞여 있을 때 '북새통을 이루다', '북새통이 벌어지다'라고 표현해요.

막장

탄광 갱도의 가장 막다른 곳

막장
- (겉뜻) 석탄을 캐기 위해 뚫어 놓은 갱도의 막다른 곳.
- (속뜻) 더는 길이 없어 막혀 있는 상태.
- (예문) 막장에 다다랐다고 포기하면 안 된다.

비슷한 말: 끝장
(뜻) 일이 더 나아갈 수 없는 막다른 상태.

조 씨는 태백의 한 탄광에서 감독관으로 일했어요. 안전을 책임져야 하는 조 씨는 광부들에게 늘 잔소리를 했어요.

"제 얘기를 잘 들으세요. 탄광 갱도로 들어갈 때는 버팀목이 잘 세워졌는지 확인해야 합니다. 사람 한 명이 겨우 들어갈 수 있을 만큼 좁은 갱도도 있는데, 이런 곳을 지날 때는 더더욱 조심하세요."

조 씨는 안전모를 쓰고 광부들과 함께 갱도 안으로 들어갔어요. 지하 수백 미터 아래로 내려가 갱도의 막다른 곳인 '막장'이 나오자, 광부들은 수군댔어요.

"이야, 이렇게 깊숙한 곳까지 다다르다니."

"여기서 사고라도 나면 그야말로 끝이겠군."

그러자 조 씨가 또 잔소리를 시작했어요.

"여기는 석탄을 캐려고 뚫어 놓은 갱도의 막다른 곳, 막장입니다. 사고 위험이 아주 높은 곳이니, 특별히 안전에 주의해야 합니다."

탄광의 막장은 출입구에서 가장 먼 곳에 있어요. 사고가 나면 빠져나오기 어렵고 매우 위험한 곳이지요. 이런 특징 때문에 '막장'은 언제부터인지 더는 희망도 미래도 없는 일이나 인생을 뜻하는 단어로 쓰였어요. 예를 들어 '막장 인생'이라고 하면 경제적 어려움을 비롯한 어떤 곤란한 상황 때문에 미래가 전혀 보이지 않는 인생을 뜻하지요. 그리고 드라마가 쓸데없이 자극적이기만 하거나 현실성이 떨어질 때 '막장 드라마'라고 일컫곤 해요. 이렇게 쓰이는 '막장'은 표준어는 아니에요.

칠색 팔색

어떤 일을 몹시 싫어하여 붉으락푸르락한 얼굴

칠색 팔색
- 뜻) 매우 질색을 하는 모습.
- 예문) 그는 칠색 팔색 하며 아니라고 말했다.

비슷한 말: 질색팔색
- 뜻) 몹시 싫어하거나 꺼리는 것.
- 예문) 태은이는 가지를 먹고 체한 뒤로 가지라면 질색팔색한다.

"누렁아! 이리 와서 밥 먹자."

돌석이는 요즘 무척 즐거웠어요. 얼마 전에 엄마가 장터에서 강아지 한 마리를 사 왔거든요. 누런색 진돗개 누렁이가 꼬리를 흔들며 돌석이 곁으로 왔어요.

"돌석아, 집에 있니? 나랑 제기차기하자!"

그때 옆집 순돌이가 놀러 왔어요. 그런데 누렁이를 보자마자 칠색 팔색을 하며 마당 저쪽으로 도망가는 게 아니겠어요?

"으악! 개다!"

"순돌아, 왜 그래? 우리 엄마가 며칠 전에 사 온 강아지야. 똘똘하게 생겼지?"

"저리 좀 데려가! 무섭단 말이야. 나 예전에 개한테 크게 물린 적이 있다고."

"아, 그래서 누렁이를 보고 칠색 팔색을 했구나."

몹시 싫어하는 행동이나 말을 하면 상대방의 얼굴색이 어떻게 변하나요? 붉으락푸르락하게 변하잖아요. 이때 얼굴색이 무려 일곱 가지나 여덟 가지로 변했다면 얼마나 노여운 걸까요?

칠색은 일곱 가지 색깔을, 팔색은 여덟 가지 색깔을 말해요. '칠색 팔색'은 어떤 것을 너무 싫어한다는 것을 강조하기 위해 생겨난 표현이랍니다. 비슷한 말로 '질색팔색'이 있어요.

북돋우다

식물이 잘 자랄 수 있게 '북'을 돋우다

북돋우다

뜻: 기운이나 정신 따위를 더욱 높여 주다.
예문: ① 병사들의 사기를 북돋우다.
　　　② 어머니는 아이들의 용기를 북돋우기 위해 특별한 자리를 마련했다.

비슷한 말: 격려하다
뜻: 용기나 의욕이 솟아나게 북돋우다.
예문: 선생님이 시험을 앞둔 학생들을 격려했다.

요즘 서영이 가족은 아주 바빠요. 밭에 감자를 심는 계절이 되었거든요.

학교를 마치고 집으로 돌아오던 서영이는 밭에서 감자를 심는 엄마를 보고는 달려갔어요.

"엄마, 힘드시죠? 제가 도와드릴게요."

"기특한 녀석! 그래, 한번 거들어 보렴."

서영이는 낑낑대며 땅에 감자를 파묻었어요. 그러자 가만히 지켜보던 엄마가 깔깔 웃으며 말했어요.

"그렇게 심으면 감자 구경도 못 해. 감자 같은 알뿌리 식물은 땅속으로 파고드는 힘이 약하기 때문에 맨땅에 그냥 심으면 잘 자라지 않거든."

"그럼 어떻게 심어요?"

"이렇게 고랑을 파고 두둑을 높게 만들어야 해. 그런 다음 흙을 덮어 '북'을 돋워 주어야 감자를 많이 수확할 수 있단다."

'북'은 식물의 뿌리를 싸고 있는 흙을 일컫는 말이에요. 본래 '북돋우다'는 식물이 잘 자랄 수 있게 흙으로 뿌리를 덮어 주는 것을 가리켰어요. 그런데 식물이 잘 자라도록 뿌리 주위에 흙을 더 올려 북을 돋우는 모습이 사람에게 용기를 주는 것과 비슷해서 그 의미가 확대되었어요. 요즘에는 '북돋우다'를 '사람의 기운이나 정신 등을 더욱 높여 주다'라는 뜻으로 쓰고 있어요.

들통나다

들통 속을 다 퍼내고 밑바닥이 드러나다

들통나다
- 뜻) 비밀이나 잘못된 일 따위가 드러나다.
- 예문) 그 지도자의 거짓말이 마침내 들통났다.

비슷한 한자어: 발각(發覺)
- 뜻) 숨기던 것이 드러남.
- 예문) 그의 범행이 발각되었다.

조선의 세종 대왕은 앵두를 매우 좋아했다고 해요.

어느 날, 세종 대왕이 말했어요.

"내가 요즘 속이 답답해서 그런지 새콤달콤한 앵두가 몹시도 먹고 싶구나."

세종 대왕이 앵두를 무척이나 좋아한다는 사실은 신하들도 잘 알고 있었지만 난감하기 그지없었어요. 그때는 앵두가 나지 않는 한겨울이었거든요. 그래도 혹시나 하는 마음에 신하들은 방방곡곡에 방을 붙였어요.

'앵두를 구해 오는 사람에게는 큰 상을 내리겠다.'

그때 경기도 안성에 사는 한 장사꾼이 상에 눈이 먼 나머지 해서는 안 되는 짓을 했어요.

'가만 보자, 지난봄에 담근 앵두술이 있는데……. 술에서 앵두를 건져 내 깨끗이 씻어서 술 냄새를 없애면 감쪽같을 거야.'

상인은 술에 담갔던 앵두를 바쳐 큰 상을 받았어요. 그러나 자기 잘못이 바로 들통날까 두려워 아무도 모르게 도망쳐 버렸어요.

비밀이나 잘못된 일을 들켰을 때 '들통나다'라고 해요. '들통'은 옆에 손잡이가 달린 커다란 그릇으로, 옛날 사람들은 여기에 국을 끓이곤 했어요. 그런데 들통 속에 담긴 것을 다 퍼내면 밑바닥이 드러나겠지요? 이처럼 가려져 있던 밑바닥이 드러난다는 뜻에서 '들통나다'라는 말을 쓰게 되었답니다.

뜬금없다

시세에 따라 달라지는 값 '뜬금'

뜬금없다
- 뜻: 갑작스럽고도 엉뚱하다.
- 예문: 뜬금없는 행동 좀 제발 그만해라.

관련 우리말: 생뚱맞다
- 뜻: 하는 행동이나 말이 상황에 맞지 않고 매우 엉뚱하다.
- 예문: 소개팅 자리에서 생뚱맞은 소리를 한 탓에 퇴짜를 맞았다.

어느 날, 장 씨가 쌀을 사러 시장에 갔어요.

"오늘 쌀 한 되 뜬금이 얼마요?"

"20원입니다."

"20원이요? 에이, 너무 비싸네요."

"오늘 뜬금이 20원으로 정해졌는데 난들 어쩌겠소? 이 값에 사든, 아니면 다음에 사든 마음대로 하시오."

옛날에는 곡식 가격이 그날그날 달라졌어요. 이때 거래 기준이 되는 가격을 '뜬금'이라고 했는데, '뜬'은 '떠 있다'라는 뜻이고 '금'은 '돈'을 뜻해요. 즉 뜬금은 일정하지 않고 시장 상황에 따라 달라지는 값을 말하지요.

그런데 이 뜬금이 없었다면 어떤 일이 벌어졌을까요?

"오늘 쌀 한 되 뜬금이 얼마예요?"

"오늘은 뜬금이 정해지지 않아서 얼마에 팔아야 할지 저도 잘 모르겠습니다."

"아니, 뜬금이 없다는 게 말이 됩니까? 뜬금이 없으면 어떻게 곡식을 사고팔아요?"

이처럼 시세에 따라 값이 달라지는 물건에는 반드시 뜬금이 매겨져야 했어요. 옛날에는 곡식에 뜬금이 있었고, 지금은 주유소의 기름 가격이 뜬금인 셈입니다. 그러니까 뜬금이 없다는 것은 정말로 황당한 상황이지요. 바로 여기서 갑자기 엉뚱한 행동을 하거나 아무 예고 없이 갑작스레 일어나는 일을 뜻하는 말로 '뜬금없다'라는 표현이 생겨났답니다.

팽개치다
새를 쫓을 때 쓰던 '팡개'에서 나온 말

팽개치다
뜻① 짜증이 나거나 못마땅하여 물건 따위를 내던지거나 내버리다.
(예문) 가방을 바닥에 팽개쳤다.
뜻② 하던 일 따위를 중도에서 그만두거나 무엇에 대한 책임을 다하지 않다.
(예문) 그는 공부를 완전히 팽개쳤다.

가을에 접어들자 곡식이 누렇게 익어 갔어요. 옛날에는 이 시기만 되면 농부들은 신경이 곤두섰어요.

"에잇! 이놈의 새들이 힘들게 키워 놓은 곡식을 다 쪼아 먹네. 고 얀 것들!"

"날마다 정말 지겨워요. 새들을 한꺼번에 쫓으면 좋을 텐데."

바로 곡식 이삭을 쪼아 먹는 새 때문이었지요. 그래서 곡식이 여물어 갈 무렵이 되면 온 가족을 총동원해서 논을 지키곤 했어요. 아이들도 학교에서 돌아오면 새를 쫓으러 들로 나가야 했답니다.

이때 어른들은 아이들에게 새 쫓는 법을 알려 줬어요.

"새들이 곡식을 쪼아 먹으러 오면 이 팡개를 휘두르렴."

새를 쫓을 때는 팔을 휘두르며 훠이훠이 소리를 치거나 '팡개'라는 도구를 썼어요. 팡개는 대나무 토막 한 끝을 네 갈래로 가른 다음, 그 사이에 '十' 모양의 작은 막대를 끼워 넣고 동여맨 도구예요. 이 팡개를 땅에 꽂았다가 휘두르면 팡개 앞머리에 찍힌 흙이나 돌멩이가 뿌려져요. 이렇게 팡개를 휘둘러 새를 쫓는 것을 '팡개질'이라고 했어요.

이 팡개질의 발음이 나중에 '팽개질'로 변하면서 '팽개치다'라는 말이 나왔어요. '팽개치다'는 짜증이 나거나 못마땅해서 물건을 내던지거나 내버리는 것을 가리켜요. 또한 '하던 일을 끝까지 하지 않다'라는 뜻으로도 쓰이지요.

아니꼽다
하는 말이나 행동이 눈에 거슬리다

아니꼽다
- 뜻① 하는 말이나 행동이 눈에 거슬려 불쾌하다.
- 뜻② 비위가 뒤집혀 구역질이 날 듯하다.
- 예문 공부 좀 잘한다고 거들먹대는 꼴이 정말 아니꼽다.

비슷한 말: 눈꼴시다
- 뜻 하는 짓이 거슬려 보기에 아니꼽다.
- 예문 저 아이가 잘난 척하는 꼴은 눈꼴시어 못 보겠다.

조선 시대에 왕과 왕비를 비롯한 왕족의 건강은 누가 돌보았을까요? 바로 궁궐에서 일하는 어의들이 돌보았어요.

하루는 세자가 몸이 좋지 않았어요.

"여봐라! 오늘 내 몸 상태가 영 좋지 않구나. 어의를 불러와라."

어의는 세자를 신중하게 진맥한 뒤, 조심스레 물었어요.

"저하, 오늘은 유난히 진맥이 약하신데 어찌 된 일이옵니까? 간밤에 무슨 일이라도 있었습니까?"

"일은 무슨. 그저 기운이 아니꼽다."

"속이 불편하시옵니까? 탕약을 지어 올리겠나이다."

여기서 '아니꼽다'는 무슨 뜻일까요? '안'은 장기를 가리키고, '곱다'는 '굽다'라는 말이에요. 다시 말해 장이 구불구불 뒤틀린다는 뜻이지요. 그래서 장이 뒤틀릴 정도로 마음에 들지 않을 때 '아니꼽다'라는 말을 쓰게 되었다고 해요. 그러나 이 이야기는 근거를 알 수 없는 민간 기원설이랍니다.

한편 또 다른 설도 있어요. '아니꼽다'는 '아니'와 '곱다'가 합쳐진 말로, '아니'가 부정어로 쓰여서 '곱지 않다'는 뜻이 된다는 거예요. 그래서 상대방이 하는 말이나 행동이 눈에 거슬릴 때 '아니꼽다'라고 표현한다는 말이지요.

쌍심지를 켜다

두 눈에 불이 붙은 것처럼 몹시 화가 나다

쌍심지를 켜다

뜻) 두 눈에 불이 일 것처럼 화가 몹시 나다.
예문) 너 왜 갑자기 눈에 쌍심지를 켜고 그러니?

어느 깊은 밤, 이 도령은 책을 읽다가 땅이 꺼져라 한숨을 내쉬었어요.

"하루빨리 과거에 급제해서 우리 집안을 다시 세워야 하는데, 눈이 나빠져서 밤에는 등잔을 켜도 글자가 잘 보이지 않는구나."

전기가 없던 옛날에는 주로 '등잔'으로 불을 밝혔어요. 등잔이란 기름을 담아 심지에 불을 붙이는 그릇이에요. '심지'가 뭐냐고요? 초에 불을 붙일 때 조그맣게 솟은 실을 본 적이 있죠? 그게 바로 심지예요.

이튿날, 이 도령의 어머니는 과거 공부를 하는 이 도령을 위해 쌍심지 등잔을 사 왔어요.

"오늘 밤부터는 쌍심지를 켜도록 하렴. 그러면 글자가 훨씬 잘 보일 게다."

'쌍심지'는 등잔 하나에 심지를 두 개 꽂아 놓은 것을 말해요. 당연히 쌍심지를 켜면 불빛이 더 환했지요.

그런데 어떻게 해서 몹시 화가 난 모습을 '쌍심지를 켜다'라고 표현하게 되었을까요?

화가 머리끝까지 난 사람을 보면 '눈에 불이 난 것 같다'라는 말을 쓰곤 해요. 그런데 사람 눈은 두 개이기 때문에, 화내는 모습을 쌍심지가 활활 타는 모습에 빗대어 '쌍심지를 켜다'라고 표현하게 되었답니다.

난다 긴다
본래는 윷놀이를 잘한다는 뜻

난다 긴다
- (뜻) 재주나 능력이 남보다 뛰어나다.
- (예문) 난다 긴다 하는 친구들을 제치고 1등을 했다.

"윷놀이 한판 합시다."

"그거 좋지!"

옛날에는 정월이 되면 마당에서 윷놀이를 하곤 했어요. 윷놀이 판이 벌어진다는 소문이 돌면 마을에서 윷놀이 좀 한다는 사람들이 삼삼오오 모여들었어요.

윷놀이는 보통 두 편으로 나뉘어 승부를 겨루어요. 네다섯 명 정도가 한편이 되어야 했는데, 편을 나누기가 쉽지 않았어요. 잘하는 사람을 자기 편으로 삼으려고 서로 신경전을 벌였거든요.

"누구를 우리 편으로 뽑지?"

"그러게. 모두 난다 긴다 하는 사람들이어서 누굴 뽑아야 할지 고민되는구먼."

이처럼 '난다 긴다'는 본래 윷놀이에서 나온 말이에요. '난다'는 '윷놀이에서 말이 한 바퀴를 돌아 판 밖으로 나가는 것'을 뜻하고, '긴다'는 '판에 있는 상대편 말을 잡는 것'을 뜻해요. 자기 말이 판 밖으로 나가거나 상대편의 말을 잡으면 이길 확률이 높아지지요. 그러니까 '난다 긴다'는 그만큼 윷놀이를 잘한다는 뜻이에요.

시간이 흐르면서 이 말은 윷놀이뿐만 아니라 특정 분야에서 남보다 재주나 능력이 뛰어난 사람을 가리킬 때 쓰는 말이 되었답니다.

바가지 쓰다

도박에서 손해를 봤을 때 쓰던 말

> **바가지 쓰다**
> 뜻① 요금이나 물건값을 실제 가격보다 비싸게 지불하여 억울한 손해를 보다.
> (예문) 겨우 그런 물건을 10만 원에 사다니 바가지를 썼구나.
> 뜻② 어떤 일에 대해 책임을 억울하게 지게 되다.
> (예문) 일은 부장이 잘못했는데, 바가지를 쓴 사람은 과장이었다.

개화기에 우리나라에는 중국에서 여러 가지 도박이 들어왔어요. 그중에 '십인계'라는 도박이 있었지요.

물주가 장터에 자리를 깔고 바가지 열 개를 죽 늘어놓았어요. 그러고는 손님을 끌어모으기 위해 고래고래 소리를 질렀어요.

"자, 자, 돈 놓고 돈 먹기! 일단 한번 걸어 봐!"

"이보쇼, 이건 어떻게 하는 겁니까?"

"바가지 안에 1에서 10까지 숫자가 적혀 있죠? 제가 이 바가지들을 이리저리 섞어서 엎어 놓고 1에서 10까지 숫자 중 하나를 말할 겁니다. 그럼 손님들은 그 숫자가 적혀 있다고 생각하는 바가지에 돈을 걸면 됩니다."

"맞히면 어떻게 되는 거요?"

"바가지를 맞힌 손님은 다른 바가지에 건 사람의 돈을 전부 가져갈 수 있습니다. 단, 한 분도 못 맞히면 그 돈은 모두 제가 가져갑니다."

그런데 어찌 된 일인지 숫자가 적힌 바가지를 맞히는 사람이 거의 없었어요. 그 돈은 언제나 물주가 다 가져갔지요. 이 때문에 손해 보는 것을 가리켜 '바가지 쓰다'라는 말이 생겨났다고 해요.

한편 다른 설도 있어요. '바가지'에는 보통 물을 담아 놓으므로 '바가지 쓰다'는 '바가지에 담긴 물을 뒤집어쓰다'라는 뜻이라는 거예요. 물을 뒤집어썼기 때문에 '억울한 손해를 보다', '피해를 당하다'라는 의미가 생겨났다는 말이죠.

찾아보기

가시방석 142
가탈스럽다 92
감쪽같다 118
개발새발 128
거들먹거리다 88
건방지다 88
격려하다 150
고명딸 74
골탕 108
골탕을 먹이다 108
괴발개발 128
구걸 24
구두쇠 60
굴레 28
굴레를 쓰다 28
기가 차다 54
까불다 84
까탈스럽다 92
깍쟁이 66
꼬드기다 40
꼬시다 40
꼬투리 116
꼭두각시 76
꼽사리 36
꾀다 40

나대다 84
난다 긴다 162
너스레 138
너스레를 떨다 138
넉살 좋다 86
넌더리가 나다 52
녹초가 되다 120
눈꼴시다 158
늦깎이 72

단골 14
단골집 14
도깨비시장 134
도떼기시장 134
도루묵 110
돈벼락 맞다 22
돌팔이 62
동냥 24
동네북 58
들통나다 152
딴지 16
땡전 26
떼돈 22

똥딴지 114
뜬금없다 154

막장 146
말짱 도루묵 110
망나니 68
맞장구치다 46
매달리다 96
매만지다 96
매몰차다 96
매섭다 96
먹통 18
미역국 먹다 122

바가지 긁다 50
바가지 쓰다 164
바늘방석 142
바람맞다 44
발각 152
방아깨비 112
보람 140
부대 100
부대찌개 100

부랴부랴 126
부리나케 126
부질없다 42
북돋우다 150
북새통 144
비지땀 106

샌님 64
생뚱맞다 154
설렁탕 102
설레발 82
숙주나물 104
시치미 10
실랑이 20
쌍심지를 켜다 160

아니꼽다 158
아양 30
알나리깔나리 136
애교 30
야단법석 144
얌체 66
어깃장을 놓다 16

어린이 80
어림짐작 130
어중이떠중이 78
어처구니없다 54
오지랖 90
오지랖이 넓다 90
오합지졸 78
외동딸 74
을씨년스럽다 48

자린고비 60
잔소리 50
주먹구구 130
진이 빠지다 120
질색팔색 148

철부지 70
철이 나다 70
철이 들다 70
칠색 팔색 148
칠칠맞다 94
칠칠하다 94

트집 12

팽개치다 156
푸념 32
피땀 106

하룻강아지 132
학을 떼다 52
한글 38
허수아비 76
헹가래 34
호응 46

참고 문헌

『국어 어원사전』, 김무림, 지식과교양, 2020년
『알아두면 잘난 척하기 딱 좋은 우리말 어원사전』, 이재운·박소연, 노마드, 2018년
『우리말 어원 사전』, 조항범, 태학사, 2022년
『우리말 어휘력 사전』, 박영수, 유유, 2022년
『우리말의 뿌리를 찾아서』, 백문식, 삼광출판사, 2006년
『정말 궁금한 우리말 100가지』, 조항범, 예담, 2009년
『좋은 문장을 쓰기 위한 우리말 풀이사전』, 박남일, 서해문집, 2004년

참고 자료

국립국어원, 『표준국어대사전』
YTN, 「재미있는 낱말풀이」
한국일보, 「우리말 톺아보기」

초판 1쇄 발행 2023년 11월 27일
초판 6쇄 발행 2025년 9월 22일

글쓴이 우리누리 | **그린이** 송진욱

발행인 이종원 | **발행처** ㈜길벗스쿨 | **출판사 등록일** 2025년 5월 28일
주소 서울시 마포구 월드컵로 10길 56(서교동) | **대표전화** 02)332-0931 | **팩스** 02)322-3895
홈페이지 school.gilbut.co.kr | **이메일** gilbut@gilbut.co.kr
기획 및 책임편집 김언수 | **제작** 이준호, 손일순
마케팅 지하영 | **영업유통** 진창섭 | **영업관리** 정경화 | **독자지원** 윤정아
CTP출력 및 인쇄 교보피앤비 | **제본** 경문제책사
디자인 양×호랭 DESIGN | **교정교열** 김미경

잘못 만든 책은 구입한 서점에서 바꿔 드립니다.
이 책은 저작권법에 따라 보호받는 저작물이므로 무단전재와 무단복제를 금합니다.
이 책의 전부 또는 일부를 이용하려면 반드시 사전에 저작권자와 ㈜길벗스쿨의 서면 동의를 받아야 합니다.
인공 지능(AI) 기술 또는 시스템을 훈련하기 위해 이 책의 전체 내용은 물론 일부 문장도 사용하는 것을 금합니다.

ⓒ 우리누리, 송진욱

ISBN 979-11-6406-619-3(73710) (길벗스쿨 도서번호 200379)

	제품명 : 그래서 이런 말이 생겼대요	**주소** : 서울시 마포구 월드컵로 10길 56(서교동)
	제조사명 : ㈜길벗스쿨	**전화번호** : 02-332-0931
	제조국명 : 대한민국	**제조년월** : 판권에 별도 표기
	사용연령 : 8세 이상	KC마크는 이 제품이 공통안전기준에 적합하였음을 의미합니다.